디지털헤리티지와 문화유산

오성환 지음

디지털헤리티지와 문화유산

발　행 | 2021년 07월 22일
저　자 | 오성환
펴낸이 | 한건희
펴낸곳 | 주식회사 부크크
출판사등록 | 2014.07.15.(제2014-16호)
주　소 | 서울특별시 금천구 가산디지털1로 119 SK트윈타워 A동 305호
전　화 | 1670-8316
이메일 | info@bookk.co.kr

ISBN | 979-11-372-5103-8

차 례

1. 시작하며

문자의 발명과 함께 인류는 제대로 된 기록을 남기게 되었다. 인쇄술이 발명되고 각종 도서가 제작되었지만, 인류의 고민은 영원히 사라지지 않는 기록을 남기는 일이다.

디지털, 모바일이 일상화된 현재에도 이러한 고민은 계속되고 있으며, 각종 정보와 기록이 홍수처럼 넘쳐나는, 지금도 수많은 기록들이 나타났다 사라져가기를 수없이 반복하고 있다. 이처럼 사라져가는 기록들을 어떻게 잘 관리하고 보존해 후손에게 남겨줄 것 인가가, 인류의 영원한 과제이다.

문화재도 세월이 흐름에 따라 훼손되지 않게 원형대로 잘 보존하고, 원래모습 그대로, 다음세대에게 물려 줄 것 인가가, 늘 고민이다. 인류가 찾아낸 해법은, 지속적인 보수와 활용이다. 즉 인류가 오랫동안 문화재를 보존, 관리하면서 축적된 경험과 지식을 바탕으로 끊임없이 문화재를 관리하고 활용하는 것이다.

이를 위해서는 지속적인 투자가 선행되어야 한다. 디지털기록도 컴퓨터가 기록을 생산하면서, 이전에는 상상할 수 없을 정도의 방대한 양의 정보들이 만들어지고 있다. 또한 모바일이 일상화 된 현재에는 더 많은 정보들이 쉴 새 없이 생산되고 네트워크를 통해 유통되고 있다.

이렇게 생산된 정보들은 만들어진 시간만큼이나, 빠르게 사라지고 있으며, 사라지는 정보들을 모두 기록으로 남기고 보존해야 하는 가에 대해서는 좀 더 깊은 논의가 필요하다. 어떤 정보와 기록들을 얼마만큼 보존해야 하나 하는 것도 매우 중요한 문제가 될 것이다.

이러한 인류의 숙제에 가장 먼저 문제제기를 하고 나온 국제기구가 유네스코(UNESCO)이다. 2001년 '모든 이를 위한 정보사업(Information for All)'[1]을 통하여 정책과 기록된 지식을 보호하는 일을 논의하고 실천할 수 있는 기반을 마련하였다. "세계의 기억사업(Memory of the World)"을 추진하여, 전 세계 기록유산 보존과 보편적 접근을 보장하는 일들을 시작하였다. 또한 디지털유산 보존을 위한 가이드라인(2003.3)을 마련하였고, 마침내 '디지털 헤리티지 보존에 관한 헌장'(2003.10)을 제정하였다. 그리고 2012년 유네스코/UBC 벤쿠버 선언까지 디지털유산 보존을 위한 노력들을 해오고 있다.

그러나 국내에서는 2003년 '디지털유산 보존에 관한 헌장' 제정 등 유네스코의 활발한 움직임에 자극받아, 2004년에 유네스코 한국위원회와, 국립중앙도서관을 중심으로 디지털유산 보존을 위한 기초연구가 진행 되었으나, 그 이후에는 계속적인 연구가 진행되지 못하고 있다.

---

1) The UNESCO Charter on the Preservation for the Digital Heritage
   (디지털유산 보존에 관한 유네스코 헌장) 서문 2003.10.17일 제정

유네스코도 2003년 10월 17일 제32차 총회에서 디지털 유산 보존에 관한 헌장을 제정하면서 제12조 유네스코의 역할에서 "앞으로 6년 동안 이 헌장과 가이드라인을 실행하면서 축적한 경험에 기반 하여, 디지털 유산의 보존을 위해서 필요한 표준정립 도구를 파악한다."[2] 라고 명시하였으나, 그 이후 2012년 벤쿠버 선언을 통해, 디지털 시대 기록유산에 대한 국제적인 합의만 도출 된 상태이다.

정보화의 급속한 발전은 PC도입 이후, 인터넷과 모바일이 보편화 되고, 모든 문서가 디지털화되는 지금, 우리 일상 속에 깊숙이 들어와 있다. 4차 산업혁명시대를 대표하는 사물인터넷(IoT)과 인공지능(AI)기술이, 우리들의 삶 속에 자리 잡아 가고 있으나, 여기서 생산된 방대한 양의 정보와 기록들은 어떻게 관리해야 하는 지도 모른 채 사라져 가고 있다. 단말기 사용자들은 그저 새로운 기술과 정보를 소화하기도 벅찰 뿐이다.

따라서 이에 대한 체계적인 보존방안을 마련하는 것이 시급한 형편이다. 유네스코에서 디지털유산 보존에 관한 헌장 등 많은 정책들이 나왔으나, 강제성이 없어, 단지 권고사항이나, 선언에 그치고 있기 때문에, 국가적인 차원의 체계적인 보존방안이 마련되어야 한다.

---

2) 디지털유산 보존에 관한 유네스코 헌장 제12조 유네스코의 역할 (d)항
    2003.10.17일 제정

2. 디지털헤리티지란 무엇인가?

디지털헤리티지, 디지털유산이라는 단어는 1990년대 PC와 인터넷이 도입되면서 사용하기 시작한 용어이다. 처음에는 인터넷 정보라는 말을 쓰다가 이어서 디지털 정보라는 말을 쓰게 되었으며, 이제는 디지털유산이라는 말을 널리 쓰고 있다. 이것은 기존의 문화유산이라는 개념을 전용한 것으로 '후손에게 물려줄 디지털 정보'라는 뜻을 담고 있다.[3]

또한 유네스코의 의뢰를 받아 호주 국립도서관에서 작성한 '디지털헤리티지 보존에 관한 가이드라인'에서는 디지털유산에 대한 개념을 다음과 같이 정의하고 있다. 디지털유산은 미래 세대를 위해 보존되어야 할 만한 지속적인 가치를 갖는 컴퓨터 기반 자료들로 구성된다. 디지털유산은 각기 다른 공동체, 산업, 영역, 지역들로부터 나온다. 모든 디지털 자료가 오래 지속되는 가치를 지닌 것은 아니지만, 디지털 유산의 연속성이 지속된다면 이들의 활발한 보존 시도가 필요하다.

한편 유네스코 '디지털헤리티지 보존에 관한 헌장' 제1조 에서는 디지털유산은 인류의 지식과 표현의 독특한 자원들로 이루어진다. 디지털유산은 디지털로 창출된 기

---

3) 「디지털 유산의 개념과 의의」홍성태 상지대 교양학부 교수 2004. 12 디지털유산 보존에 관한 기초연구

술적 법적 의학적 정보 및 그 밖의 정보 또는 현존하는 아날로그 자원을 디지털로 변환한 형식과 함께 문화적 교육적 과학적 행정적 자원을 포괄한다. 자원이 "태생적으로 디지털"이라 함은 디지털로 된 대상물 외에 다른 형태로 존재하지 않음을 의미한다.

디지털 자료들은 넓고 증가하는 형태의 범위 중에서도 텍스트 데이터베이스 사진 동영상 음성 그래픽 소프트웨어 웹페이지를 포함한다. 디지털 자료들은 대개 단명하며 존속을 위해 의도적이고 지속적인 생산 유지 관리를 필요로 한다.

이러한 자원들은 대부분 지속적인 가치와 의미를 지니므로 현 세대와 차세대를 위해 보호 보존되어야 할 유산에 속한다. 디지털유산은 지속적으로 증가하며 언어장소 지식과 표현의 영역을 막론하여 존재할 수 있다.4) 고 유네스코 헌장에서 규정하고 있다. 이 규정에서는 크게 세 가지 기준을 제시하고 있는 것으로 볼 수 있다. 첫째, 모든 디지털 정보가 디지털 유산이 될 수 있다는 것이다. 둘째, 디지털 정보의 보존에는 특별한 조치가 필요하다는 것이다. 셋째, 모든 디지털 정보가 곧 디지털 유산은 아니라는 것이다.5)

---

4) 디지털유산 보존에 관한 유네스코 헌장 제1조 범위 2003.10.17일 제정
5) 「디지털 유산의 개념과 의의」 홍성대 상지대 교수, 디지털 유산 보존에 관한 기초연구 2004.12 국립중앙도서관

최근에는 디지털유산의 재산적 개념이 확대 되면서 법률적 개념도 연구되고 있다. 법적인 차원에서의 디지털 유산의 법률적 학문적 정의는 아직 정해진 바가 없다. 인터넷 공간에 이용자가 남긴 흔적과 관련 된 국내 법규는 대표적으로 정보통신망법을 들 수 있다.

정보통신망법 제2조 제1항 제9호에서는 이용자가 게시판에 표현 할 수 있는 범위를 "부호·문자·음성·음향·화상·동영상 등의 정보"로 제시하고 있다. 이는 전기통신법 제2조 제1호의 "전기통신" 개념을 준용하여 인터넷 공간으로 이용자가 생성하여 전송하거나, 타인과 서비스제공자를 포함한 외부로부터 수령한 정보를 포함하는 개념이다. 이를 기반으로 디지털 유산에 대한 개념 설정을 한다면 디지털 유산이란 "사망한 자가 디지털의 형태로 남긴 부호·문자·음성·음향·화상·동영상 등의 정보"라고 정의할 수 있다.6)

따라서 디지털헤리티지는 유네스코 헌장 제1조(범위)에서 디지털로 생산된 것과 아날로그 자원을 디지털로 변환한 것을 모두 포함한다고 하였다. 그리고 제7조(보존해야 할 유산 선정)에서는 모든 기록유산의 경우에서처럼, 선정원칙은 나라마다 다를 수 있다. 그러나 자료의 중요성과 문화, 과학, 증거, 또는 다른 지속적 가치가 어

---

6) 권경선 「디지털 유산 처리방안 연구」서울대학교 법학석사 논문 6쪽 2015.2

떤 디지털 자료를 보존하기 위한 주요 기준일 것이다. "디지털로 생성된" 자료에 우선순위를 부여해야 할 것이다. 설명할 수 있는 방식으로, 그리고 미리 정한 원칙, 정책 절차, 표준에 따라 선정을 결정하고 이에 후속 검토를 진행하여야 한다. 고 설명하고 있다.

결론적으로 유네스코의 정의는 디지털헤리티지는 '태생적 디지털(born-digital)과 아날로그 자원을 디지털로 변환한 것을 모두 일컬어 디지털헤리티지(유산)라 통칭하고, 그중에서 보존해야 할 유산을 세계기록유산 선정원칙과 같이 나라마다 별도 기준을 정해서, 선정해 보존해야 한다는 것이다.

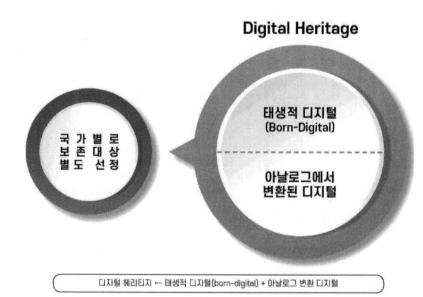

Digital Heritage

국 가 별 로
보 존 대 상
별 도 선 정

태생적 디지털
(Born-Digital)

아날로그에서
변환된 디지털

디지털 헤리티지 ← 태생적 디지털(born-digital) + 아날로그 변환 디지털

<그림 2-1> 디지털 헤리티지 개념도

3. 왜 디지털헤리티지 보존이 필요한가?

인류가 디지털유산을 보호해야 하는 이유는 간단하다. 디지털로 생성 된 자료가 시간이 지나면 사라지거나, 변경되기 때문이다. '디지털 정보'는 이런 변화의 산물이자 매개이다. 그것은 '디지털 시대'를 대표하는 문화적 산물이자 상징이다.

그런데 디지털 정보기술의 급속한 발달로 말미암아 많은 디지털 정보가 빠르게 사라지는 역설적 현상이 빚어지고 있다. 너무나 빨리 사용하지 못하게 되거나 너무나 많은 정보 사이에서 사용조차 되지 못하고 사라지는 디지털 정보의 양이 기하급수적으로 늘어나고 있다.[7]

'유네스코 헌장 제3조 상실위협'에서도 세계의 디지털유산은 손실되어 후손에게 물려지지 못할 위험에 처해 있다. 디지털유산을 실현하는 하드웨어와 소프트웨어의 급속한 쇠퇴, 유지와 보존을 위한 자원, 책임, 방법의 불확실성 법적 지원의 부재 등이 이를 촉진하는 요소이다.

태도의 변화는 기술변화에 뒤쳐져 있다. 정부와 공공기관들이 충분한 정보를 바탕으로 시기적절한 보존전략을 개발하기에 디지털 진화는 과도하게 빨랐고 비용부담이 컸다. 미래를 구성할 디지털유산의 경제적 사회적 지

---

7)「디지털 유산의 개념과 의의」홍성태 상지대 교수, 디지털 유산 보존에 관한 기초연구 2004.12 국립중앙도서관

적 문화적 잠재성이 받는 위협은 완전히 파악되지 못했다.8)

미래세대는 컴퓨터의 보급이 대중화된 1980년대와 1990년대 심지어는 2000년대 초반까지를 "암흑의 시대"로 치부하고 역사적으로 재구성하는 일을 아예 포기할지도 모른다. 더 무서운 일은 아직도 인류가 종이나 다른 물리적 형태에 담긴 지식과 정보를 디지털화 하고 원본을 폐기하거나 그 관리에 대한 투자를 줄이는 무지한 관행을 계속하고 있는 것이다. 대한민국 에서만 해도 대규모의 디지털화 프로젝트에 매년 엄청난 예산을 쏟아 붓고 있지만 그렇게 디지털화한 정보를 어떻게 계속 보존할지에 대한 정책은 물론 보존의 문제를 인식하지도 못하고 있다.

이와 같이 디지털유산은 ICT(정보통신기술)도구를 활용하여 쉽게 자료를 생산하고, 인터넷 등을 통하여 유통시키고, 무한복사(copy) 되면서 단시간에 대량의 정보를 재생산해 내고 있지만, 쉽게 생산한 만큼 쉽게 사라지고 있다. 예전의 고도서나 고문서처럼 정성들여 작성하고, 사람이 직접 가서 전달할 때에는 소량의 정보만이 생산되기 때문에 소중하게 보관하는 것이 그래도 용이 했을 것이다.

더구나 디지털 정보는 ICT기술을 활용하여 생산되기

---

8) 디지털유산 보존에 관한 유네스코 헌장 제1조 범위 2003.10.17일 제정

때문에 급속히 발전하는 정보통신 기술을 따라잡지 못하고 새로운 기술이나 도구가 나왔을 때, 기존의 기술로 만들어진 정보는 접근이나, 활용이, 불가능해지는 문제가 발생하게 된다. 따라서 디지털유산 보존방안은, 현재와 같이 새로운 기술이 끊임없이 발표되는 지금 같은 시대가, 더 필요성이 강조되고 있는 이유이다.

가. 디지털 보존의 한계성

1) 보존개념의 미흡

디지털을 대하는 우리들의 자세는, 새로 출시 된 신제품의 기능을 빨리 습득하고, 이 기기를 통하여, 우리가 하고자 하는 일들을 잘 수행할 수 있을까? 에 관심이 맞춰져 있다. 여기서 생성된 자료나 정보를 어떻게 하면, 잘 관리하고, 보관 할 수 있을까를 고민하는 사람은 드물다.

앞에서 조사된 바와 같이 디지털유산에 대한 관심은 없고, 디지털이나 인터넷 등의 새로운 기능이나, 신기술에 더 관심을 기울인다는 것이다. 예를 들면 새로 출시되는 삼성의 스마트폰 시리즈나, 애플의 아이폰에 언론이나 국민들의 관심이 집중된다. 또한 3차원 3D나, 증강현실(AR),가상현실(VR) 사물인터넷(IoT), 알파고로 대변되는 인공지능(AI) 등 새로운 기술에 관심을 갖고 더 집중한다는 사실이다.

소중한 디지털 유산에 대한 보존 노력은 미흡하고, 그 추진 상황도 생각만큼 효과적이지 못하다. 이러한 무관심의 근본적인 이유는 무엇보다도 사이버공간의 환경에 대한 인식부족을 지적할 수 있다. 온라인 공간은 오프라인 중심의 고정적 사고로는 이해할 수 없는 유연성과 급변성을 갖고 있기 때문이다.

사이버공간에서는 정보의 변형과 소실이 일상적으로 발생한다. 때문에 상징과 기호로만 이루어진 디지털 정보를 포착하고 저장하는 작업은 오프라인보다도 더 많은 투자와 고도의 전문성을 요구한다. 또한, 사이버공간은 정보의 소유가 아닌 공유를 근간으로 성장, 진화하는 공간이라는 점을 기억해야 한다.

따라서 기업의 상업적 탐욕에 부응한 과도한 저작권의 설정은 지식정보의 상품화를 확산시켜 정보격차를 심화시킬 것이며, 디지털 유산의 공공재산화 노력 없이는 다수의 가치 있는 정보들이 자료의 생산과 저장비용을 견디지 못해 사장될 것이다. 그 결과는 편중된 지식정보의 만연 현상이다. 결국, 디지털유산 보존의 문제는 뜻있는 개인들의 노력만으로는 해결될 수 없는, 전 사회적인, 나아가 인류 문명적 차원의 문제로 국가와 시민사회가 함께 협력해야 할 시대적 과제라 할 수 있다.9)

한편 디지털유산 보존에 관한 유네스코 헌장에서도 팽배해 있는 위협이 해결되지 않으면, 디지털유산의 손실은 급속히 진행될 것이고, 불가피하게 사라지는 유산들이 발생할 것이다. 디지털유산 보존을 위한 법적 경제적 기술적 수단을 촉진하는 것은 회원국들에게 이로울 것이다. 디지털 미디어의 잠재력과 보존의 실용성에 대한 정책결정자들의 주의를 환기시키고 일반대중의 관심을 자극할 인식제고와 지원책이 시급하다고 하고 있다.

이와 같이 디지털유산 보존에 대한 기본은 디지털 정보를 생산해 내는 사용자(user)들이 보존에 대한 의식을 철저히 갖고 실천하려고 하는 의지만 있다면 훨씬 쉬운 일이 될 것이다.

2) 대량생산에 따른 관리미흡

산업혁명이 공산품의 대량생산을 가능하게 했다면, 정보통신 기술의 발전은 디지털 정보의 대량생산 체제를 가져왔다고 할 수 있다. 물론 중세에 인쇄기술의 발달이 한 차례 있기는 했지만, 지금과 같은 혁명적인 수준에는 미치지 못했다.

우리가 디지털 유산의 보존이라는 과제를 추구하게 된

---

9) 민경배 「디지털 유산 보존 국내현황 및 협력틀 구축방안」, 디지털 유산 보존에 관한 기초연구 2004.12 국립중앙도서관

까닭은 디지털 정보의 생산이 기하급수적으로 늘어나는 상황에서 그 급속한 폐기와 망실이라는 이해하기 어려운 현상이 나타났기 때문이다. 이런 사실을 가리켜 어떤 미국 사람은 '디지털 암흑시대'라는 말을 하기도 했다. 이 말은 마치 중세시대와 같은 문화적 암흑기가 도래하고 있다는 식의 느낌을 풍긴다. 그러나 중세시대는 사실 문화적 암흑기가 아니었으며, 지금의 '디지털 시대'는 더군다나 그렇다.

그러나 디지털 정보의 급속한 폐기와 망실은 우리가 대면하고 있는 명백한 현실이다. 이러한 현상을 가리켜 '디지털 불연속성'이라고 부른다. 정보기술의 발달과 디지털 정보의 급팽창에 따라 오히려 디지털 정보가 뭉텅뭉텅 사라지면서 그 변화가 완전히 연속적이지 않고 상당히 불연속적인 모습을 보이는 것이다. 이런 상황을 극복하고 '디지털 연속성'을 확보하기 위해 추구하는 것이 바로 디지털유산의 보존이다.

디지털 유산(digital heritage) 보존에 대한 관심과 투자가 시급한 이유는, 우선 갈수록 더 많은 문화유산이 디지털 형태로 생산되고 있으며, 두 번째로 이들 중 많은 수가 디지털 형태로 생산(born-digital)되어 다른 형태로는 존재하지 않고, 세 번째, 장기적 보존을 염두에 두지 않고 디지털화한 유산의 양은 날로 늘어가고 있으며, 마지막으로 아무런 조치를 취하지 않으면 아무런 경고 없

이, 아무도 알아차리지 못 하는 사이에 디지털유산이 변경되거나 소멸 할 수 있기 때문이다.10)

정보통신 기술의 발달은 디지털 정보의 대량생산을 가속화 시켰다. 이런 이유로 디지털 정보의 생산량은 우리가 감당할 수 없을 정도로 많아졌다. 따라서 보존이 반드시 필요한 정보만 선별하여 체계적으로 보존하는 방안이 집중적으로 연구되어야 한다. 이러기 위해서는 디지털유산 선별기준이 명확해야 한다.

<표 3-1 전 세계 데이터생산량 추이>

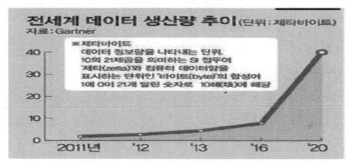

10) 이소연 「디지털 유산의 장기적 보존 : 국가정책 수립을 위한 제안」 기록학 연구 10, 2004.10

3) 정보기술의 한계성

　기존의 종이에 인쇄 된 고도서나 고문서, 각종 서적들의 경우 종이의 생명이 자료의 보존기간이라고 할 수 있었다. 디지털 유산의 보존기간은 철저하게 그것을 저장하고 있는 하드웨어와 소프트웨어에 종속된다. 즉 정보시스템의 유효기간이 자료의 보존기간 이라고 생각하면 된다. 거기에 추가적으로 원본의 유지기간도 중요한 요소이다. 최초로 생성된 정보가 변경 될 경우 원본은 사라지고 마는 경우도 있을 수 있지만, 이 경우는 정보가 다소 차이가 발생하기도 하지만 원본이 완전히 사장되는 것은 아니기 때문에 예외로 한다.

　이처럼 디지털 정보는 그 가치와 유용성에도 불구하고 쉽게 사라질 수 있다. 또한 디지털 정보는 마치 한 점의 붓글씨나 그림처럼 독립적으로 존재할 수 없다. 모든 디지털 정보는 디지털 기술의 한 요소이나, 최종적으로보여지는 결과물로서 존재한다. 따라서 우리가 디지털 정보를 보존하기 위해서는 디지털 기술체계 전체를 보존할 수 있도록 해야 한다. 디지털 기술체계 전체를 보존할 수 없다고 해도 그것을 반드시 고려해야 한다. 다시 말해서 소프트웨어와 하드웨어의 문제를 모두 고려해야 한다.

　파일 포맷이 급속히 낡아버렸을 뿐만 아니라, 물리적 미디어 자체도 단명하고 말았다. 디스크나 테이프 같은 자기 매체는 유효기간이 기껏해야 5년에서 10년 정도에 지나지 않는다. CD-ROM과 같은 광학 매체의 경우는 5년에서 15년이면 기록 품질이 떨어진다. 디지털 파일들은 아날로그 오디오 테이프에 기록된 음성신호와 같이 기록 품질이 점차 떨어지는 일은 발생하지 않는다.

그러나 디지털 매체들은 저장에 실패하면 완전히 사용할 수 없게 되고 만다. 오디오 테이프는 단지 음질이 떨어지는 정도지만, 디지털 파일은 열어볼 수조차 없을 정도로 완전히 망가지고 만다. 그것은 신문-대개 산성 잉크로 인쇄된다. 수명의 10분의1 정도밖에는 되지 않는다.(Brand,1999:12[11])

전자출판이 일반화되고 특히 현대인의 생활에서 인터넷이 차지하는 비중이 커짐에 따라서 인류의 지적·문화적 성과를 기록한 자료로서의 디지털자료의 중요성이 점점 높아지고 있다. 그런데 디지털자료는 기록문화유산의 장기보존이라는 측면에서는 치명적 약점을 가지고 있다. 휘발성이 강해서 내용이 흔적도 없이 바뀌거나 사라져버릴 수 있으며, 특히 실시간으로 업데이트 되는 동적 온라인자료의 내용은 그 수명이 매우 짧다. 따라서 인터넷을 통해서 다양한 유형의 웹 자원들이 대량으로 생산·유통·이용되고 있지만 한편으로는 상당 부분이 수집·보

---

11) 홍성태 「디지털 유산의 개념과 의의」 디지털 유산 보존에 관한 기초연구 2004.12 국립중앙도서관

존되지 못한 채 사라지고 있을 것으로 추정할 수 있다.

물론 그 모든 정보들이 수집되고 보존될 가치가 있다고 말하기는 어렵지만, 인류의 문화유산과 지식유산의 계승이라는 측면에서 소홀히 볼 수 없는 부분이다. 일단 수집되어 축적되었다 하더라도 그 내용을 참조하기 위해서 필수적인 소프트웨어와 하드웨어의 빠른 발전으로 인해 후일의 정확한 판독을 보장할 수는 없는 실정이다. 혹자는 이런 현상을 "문화적 재앙"(Waters & Garrett 1996) 또는 "디지털 암흑시대"(Kuny & Cleveland 1998)라는 용어를 쓰면서 경고하기도 하였다.12)

이와 같이 디지털 자료는 정보통신기술(ICT) 발달에 따라 보존기간이 결정된다. 그래도 다행스러운 것은 지속적인 기술계발로 저장기술이 날로 발전하고 있으며, 저장비용이나 저장용량, 저장기간도 확대되고 있다는 사실이다. 디지털 정보의 하드웨어나 소프트웨어 종속성은 숙명과도 같다. 따라서 디지털 유산의 보존은 결국 저장매체와 관련 소프트웨어의 영속성이 가장 중요한 핵심이다.

디지털 저장매체는 영구적이지 못하다. 미국 국회도서관이나 BNF(프랑스 국립도서관)와 같은 유산기관들의 연구에 따르면 마스터 디스크에서 찍어 복제된 오디오CD, CDI, 사진CD 및 CD-ROM들을 만드는데 사용된 플라스

---

12) 서혜란 「도서관디지털 납본제도 방안」 디지털 유산 보존에 관한 기초연구 2004.12 국립중앙도서관

틱은 보존과 이용의 평균적 조건하에서 10년에서25년 정도의 수명만을 가질 수 있을 것 이라고 보인다. 다시 쓸 수 있는 디스크들은 노화가 시작되기까지 사진필름에서 노출과 현상전과 같은 상태로 비교할 수 있는 구워지기 전에 3년 정도의 수명을 그리고 일단 구운 후에는 5년에서 10년 정도의 수명만을 가질 것이다.

따라서 전자문서용으로 쓰이는 새로운 매체는 이전의 매체보다 훨씬 더 취약하고 훨씬 짧은 기대수명을 가지며, 따라서 그것들을 보존하고 복구하고 정기적으로 재생하기 위한 대책을 필요로 한다.13)

아무리 저장기술이나 정보통신기술이 발전한다 해도 H/W나 S/W의 수명은 유한하고, 새로운 기술의 발전은, 결국 기존 기술의 사장으로 연결되기 때문에 디지털유산의 지속적인 보존은, 결국 주기적인 매체이전이 가장 좋은 보존방안이다.

4. UNESCO의 디지털헤리티지 보존노력

디지털헤리티지 보존에 관한 관심을 가장먼저 표명한 단체는 국제기구인 유네스코(UNESCO)이다. 디지털 기술의 한계와 디지털 기록의 소실과 변경을 우려하여 유네스

---

13) 압둘아지드 「디지털 유산의 보존 : UNESCO 관점에서」 한국기록관리학회지 제5권 제2호 2005.

코는 국제사회와 각국을 대상으로 디지털유산 상실 위기에 대한 주의를 환기시키고자 2001년 10월 디지털 유산 보존을 위한 결의안(Resolution on Preserving our digital Heritage)을 채택을 계기로 디지털유산 보존에 대한 노력을 하고 있다.14)

특히 2003년10월17일 유네스코 제32차 총회에서는 '디지털 유산 보존에 관한 유네스코 헌장'이 채택되면서 더욱 국제사회의 관심을 촉발시키는 계기가 되었다. 이와 관련하여 동 헌장 제12조 유네스코 역할 (c)협력, 인식제고 및 역량증대를 진작하고, 이 헌장에 대한 자료집이 될 표준화된 윤리, 법제 및 기술적 가이드라인을 개발하고와 관련하여 2003년 3월에 호주국립도서관에 UNESCO가 개발을 의뢰하여 이 도서관의 보존 부서장(Director of Preservation)인 Colin Webb 이 중심이 돼서 작성된 「디지털유산 보존을 위한 가이드라인」(Guidelines for the Preservation of Digital Heritage Prepared by the National Library of Australia)을 발표하였다.

따라서 디지털헤리티지 연구의 시작은 유네스코가 중심이 돼서 처음 시작 됐음을 알 수 있다. 호주, 네덜란드, 미국, 영국 등 디지털헤리티지 보존에 일찌감치 관심을 가지고, 앞서나가는 국가들을 중심으로서 연구되던 분야

---

14) 이소연 디지털유산의 장기적 보존 : 국가정책 수립을 위한 제안, 기록학 연구(10), 2004, 29쪽

를, 국제기구인 유네스코가 국제적으로 공식화 시켜주는 계기를 마련한 것이다.

국내에서도 유네스코 헌장 채택을 전후하여 문헌정보학 또는 전산학을 연구하시는 학자들을 중심으로 활발하게 연구되었다. 이러한 초기단계의 움직임의 결실로 2004년 12월에 국립중앙도서관이 주관하여 유네스코 한국위원회가 연구용역으로 수행한 '디지털 유산 보존을 위한 기초연구'가 진행 되었다. 이 연구는 국립중앙도서관이 유네스코 헌장 제10조 역할과 책임 조항의 '각 회원국은 디지털유산 보존의 책무를 조정하기 위하여 하나이상의 기구를 지정하고 필요한 자원을 마련해야 할 것이다.15)에 근거하여 국립중앙도서관의 총괄 조정기구 지위 확보의 당위성 여부를 확인하기 위하여 진행된 연구였다.

이후 민간 전문가가 중심이 된 '문화유산의 컴퓨터 기반 시각화를 위한' 런던헌장이 2009년에 발표되었고, 이 헌장의 내용은 문화유산의 연구와 커뮤니케이션에서의 컴퓨터 기반 시각화 기법과 성과의 활용을 위한 원칙을 정하고자 하는 데 있다.16)

이어서 유네스코에서 합의된 선언은 2012년 12월에 UBC/밴쿠버 선언 (디지털시대의 기록유산 : 디지털화와

---

15) 디지털유산 보존에 관한 유네스코 헌장 제10조 역할과 책임 2003.10.17일 제정
16) 런던헌장 <The London Charter> For the Computer-based Visualisation of Cultural Heritage 2009.2.7제정

보존이다.) 유네스코/브리티시콜롬비아대학교(UBC)에서 발표된 벤쿠버 선언은 2003년 디지털 유산 보존에 관한 유네스코 헌장의 후속 조치들로 보인다. 이들 내용들은 일반적인 선언 형식을 세분화 하여 구체화한 내용으로 파악된다.

국내에서는 2000년대 초반 새로운 학문분야로 자리 잡기 시작한 기록학 연구를 통하여 이소연 교수 및 압둘아지즈 아비드(Abdelaziz Abid) 유네스코 세계기록유산 담당관의 논문이 발표되었다. 그러나 이들 또한 2004년 및 2005년에 연구된 한국기록관리 학회지에 발표된 학술논문이 있을 뿐이다.

유네스코는 2001년 '모든 이를 위한 정보사업(Information for All Programme)'을 창설하고 ① 정보사회의 사회적, 윤리적 도전에 대한 성찰 ② 정보화를 위한 인적 자원 및 역량의 개발 ③ 공적 영역 정보 및 기록유산에 대한 접근 증진 ④ 도서관, 기록보존소, 정보네트워크, 지역사회 멀티미디어 센터 역량 강화 ⑤ 글로벌 포털 구축 등의 5개영역의 활동을 전개하고 있다. 그리고 이러한 사업의 국가별 활성화를 위해 IFAP 국가 위원회를 설립하도록 회원국에 권장한다. 이러한 세계적 추세에 발맞춰 유네스코 한국위원회가 정부, 국회, 도서관, 연구기관, 정보통신 기업, 교육기관, 콘텐츠 생산자, 지역 및 시민사회 대표들로 이루어진 IFAP 한국위원회를 설치하고 디지털 유산 보존을 위한 기초연구를 시작한 것은 매우 시의 적절한 활동이라 할 수 있다.

<표 2-1> 디지털 유산의 보존 관련 주요 경과[17]

1996년	미국 인터넷 아카이브 운동 시작
1998년	미국 '시간과 비트' 토론회 개최
2000년	미국 의회 '국가 디지털 정보 인트라 및 보존 프로그램 NDIIPP 설립법' 제정
2001년	유네스코 '모든 이를 위한 정보사업' 창설
2002년	미국 의회도서관 'NDIIPP 보고서' 발표
2003년	호주국립도서관 '디지털 유산의 보존에 관한 가이드라인' 발표
2003년	유네스코 32차 총회 '디지털 유산헌장' 채택
2004년	유네스코한국위원회 '디지털유산보존에 관한 자문회의'의 첫 회의 개최
2009년	문화유산의 컴퓨터 기반 시각화를 위해(런던헌장)
2012년	유네스코/UBC 밴쿠버 선언-디지털 시대의 기록유산 : 디지털화와 보존

IFAP의 디지털유산 보존 활동의 준거는 유네스코가 2003년 제 32차 총회에서 채택한 '디지털유산 보존에 관한 헌장'[17]이다. 이 헌장은 디지털 자료들을 인류의 지식과 표현을 담은 새로운 공공유산으로 규정하고, 현재와 미래 세대의 이익을 위하여 디지털 유산의 보존 문제가 전 세계적 범위에서 시급한 쟁점이 되고 있다고 판단한다. 또한, 헌장은 디지털 유산의 손실 위협은 그것을 되살릴 수 있는 하드웨어와 소프트웨어의 급속한 노후화, 자료들의 불안정성, 유지 보존을 위한 책임과 방법 미비, 그리고 법적인 지원 틀이 결여되어 있기 때문에 발생한다고 보고 있다. 따라서 헌장은 디지털 미디어의 잠재력과 보존이라는 시급한 문제에 대한 정책결정자와 일반 공중의

---

17) CHARTER ON THE PRESERVATION OF THE DIGITAL HERITAGE
http://portal.unesco.org/ci/ev.php?URL_ID=13366&URL_DO=DO_TOPIC&U
RL_SECTION=201&reload=1067609511

인식을 고양시킬 수 있는 실천이 필요하다고 강조한다.

이러한 헌장의 정신에 따라 중앙과 각국의 유네스코 위원회들은 ① 디지털 유산의 보존과 관계된 정부나 비정부 기구들에게 국제적 협조 체제 하의 헌장이행을 촉구하고, ② 디지털 유산의 보존을 위한 대상, 정책 그리고 기획의 정교화에 참여하는 정부, 비정부 기구, 시민사회 그리고 사적 부문들에게 그 준거점과 포럼을 제공하고, ③ 디지털 유산의 보존을 지원하기 위한 협력, 인식제고, 능력배양과 표준이 될 수 있는 윤리적, 법적, 기술적 지침을 제안하는 역할을 자임하고 활동한다.18)

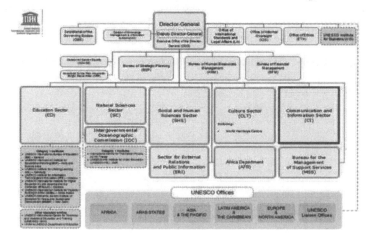

UNESCO Educational Scientific and Cultural Organization

<그림 3-1> 유네스코 조직도(디지털헤리티지 담당부서)

18) 민경배 「디지털 유산 보존 국내현황 및 협력틀 구축방안」, 디지털 유산 보존에 관한 기초연구 2004.12 국립중앙도서관

가. 디지털헤리티지 보존에 관한 헌장[19]

유네스코는 이와 같은 과정을 거쳐 2003년 10월17일 제32차 총회에서 「디지털유산 보존에 관한 UNESCO 헌장」(이하 '유네스코 헌장'이라 한다.)을 채택하였다. 유네스코 헌장에서는 각 회원국이 해야 될 일과, 유네스코가 맡아야 할 일을 구체적으로 명시하였으며, 전문과 총 12개 조항으로 구성되어 있다. 세부적인 조항을 보면 '인류 공동의 유산인 디지털유산'에는 제1조와 제2조로 구성되며, 범위와 디지털 유산에 대한 접근에 관한 내용으로 구성하였다. '유산 상실 대비'에는 제3-5조로 구성되며, 상실위협, 실천 사항, 디지털 지속성으로 구성된다. '필요한 조치'에서는 제6-9조로 구성되며, 전략과 정책 개발, 보존해야 할 유산 선정, 디지털 유산 보호, 문화유산 보호로 구성되어 있다. 마지막 부분인 '책무'에서는 제10-12조로 구성되며, 역할과 책임, 분담과 협력, 유네스코의 역할로 구성하고 있다.

유네스코 헌장을 각 조항별로 살펴보면, 우선 전문에는 선언적으로 '모든 형태의 유산 소멸은, 모든 국가들을 빈곤하게 하는 결과를 낳음을 고려하고,' 디지털 유산이 창출되고, 접근이 확대됨을 인식하여, 소멸위기에 처한 디지털 유산을 범세계적인 관심이 필요한 긴급한 문제로 진

---

19) '디지털유산 보존에 관한 유네스코 헌장' 2003.10.17일 제정

단하고 있다.

제1조에서는 디지털 유산의 범위를 정의하고 있다. 디지털 유산은 디지털 방식으로 생성되거나 기존 아날로그 자원에서 디지털 형태로 변환된, 문화, 교육, 과학, 행정 분야의 자원과 기술적 법적 의학적 정보 및 기타 유형의 정보가 모두 여기에 포함된다. "디지털로 생성된(born digital)" 자원은 디지털 객체가 아닌 형태로는 존재하지 않는다. 디지털 자료들은 광범위하고도 점증하는 다양한 형태 중에서도 텍스트, 데이터베이스, 사진 및 동영상, 음성, 그래픽, 소프트웨어, 웹페이지를 포함한다. 대체로 이들 자료의 수명은 짧아 지속적으로 보유하기 위해서는 의도적으로 생산, 유지, 관리하여야 한다.

제2조 접근에서는 디지털 유산의 보존 목적을 누구나 접근할 수 있도록 보장하는데 있다고 말하고, 특히 공공 영역에 대하여는 접근을 불합리하게 제약하지 말 것을 명시하고, 정보 개방에 따른 개인정보의 침해도 예방해야 한다고 말하고 있다.

제3조 상실 위험에서는 세계의 디지털유산이 상실될 위기를 다음과 같이 4가지로 진단하고 있다. 하드웨어와 소프트웨어의 급속한 노화, 유지 보존에 필요한 자원과 책임, 보존 방법의 불확실성, 지원 법령의 부재 등이다. 또한 인류가 미래를 세울 토대인 디지털 유산의 경제적, 사회적, 지적, 문화적, 잠재력에 대한 위협을 완전하게 파

악하지 못한 점을 들고 있다.

제4조 실천사항에서는 전반적인 위협에 대처하지 못하면 디지털 유산이 손실되므로 법적, 경제적, 기술적 조치에 대한 정책결정자의 경계와 공중의 인식제고가 시급함을 말하고 있다.

제5조 디지털 지속성에서는 디지털 유산의 생산에서 접근까지의 라이프 사이클을 유지하기 위하여 다양한 조치를 취해야 하는 점과, 진본성 유지와 안정적인 디지털 유산 생산을 위한 시스템과 절차 마련을 요구하고 있다.

제6조 전략과 정책개발에서는 디지털 유산을 보존하기 위하여 정책개발을 통해 저작권이나 권리 소유회사, 다른 이해당사자들이 공통표준, 호환성과 자료공유에 협력하도록 해야 한다고 하고 있다.

제7조 보존해야 할 유산 선정에서는 나라마다 선정원칙이 다르지만, "디지털로 생성된"자료에 우선순위를 부여하고, 미리정한 원칙, 정책, 절차, 표준에 따라 선정하고 후속 검토를 진행하도록 하고 있다.

제8조 디지털 유산 보호에서는 회원국은 디지털유산 보호를 위해 법적체계를 갖춰야 하고, 국가 및 기록관, 도서관, 박물관 등의 자발적 납본관련 법에서는 디지털 유산 문제를 주요 요소로 다루어야 한다. 또한 법에 의해 납본한 유산에 대한 접근 보장 및 진본성 확보를 위해 기술적 구조 틀 마련을 요청하였으며,

제9조 문화유산 보호에서는 디지털 유산은 시간, 장소, 문화, 형식에 제한 받지 않으므로, 지속적으로 전 세계 청중들에게 디지털 유산을 보존하고 접근할 수 있도록 해야 한다, 고 하고 있다.

제10조 역할과 책임에서는 디지털 유산 보존 책무를 조정하기 위해 하나이상의 기구를 지정하고, 필요자원을 마련해야 한다. 취해야 할 조치는 디지털 자료 개발, 발행자와 운영, 배포자 등 관련자와 국가기관, 민간기관 등이 서로 협력하도록 촉구하고, 교육 연구 프로그램을 개발 공유하고, 공공·민간·대학 및 기타 연구기관이 연구데이터 보존을 격려해야 한다고 하였다. 제11조 분담과 협력에서는 모든 나라가 자국의 디지털 유산을 생산, 배포, 보존하고 지속적으로 접근 가능하도록 국제협력과 연대를 강화하고, 기업체, 출판사 및 대중매체가 전문기술을 공유하도록 촉진, 촉구한다. 또한 디지털 보존 기법에 대한 평등한 접근을 이룰 수 있도록 한다.

제12조 유네스코 역할에서는 이 헌장이 정하는 원칙을 실행 프로그램에 반영하고, 관련정부 간 또는 국제 NGO 조직이 이를 실행하도록 하였다. 정부 간 또는 국제NGO, 민간기구 등이 함께 모여 공개 토론장으로서의 역할을 수행하고, 협력, 인식제고 및 역량증대를 진작하고, 표준화된 윤리, 법제 및 기술적 가이드라인을 개발함으로써, 앞으로 6년 동안 헌장과 가이드라인을 실행하면서 필요한

표준 정립 도구를 파악함. 이라고 선언하고 있다.

결국 이 헌장에서 유네스코가 말하고자 하는 내용은, 디지털 유산에 대한 개념 정립 및 디지털 유산을 왜 보존해야 하는 지, 누가, 어떻게 보존해야 하는지를 구체적으로 말하고 있다. 즉 디지털헤리티지의 범위, 보존목적, 위협요소, 보존대상 선정, 법제체계를 통한 보호, 회원국의 책임과 역할, 협력과 공유 방안, 유네스코의 역할 등 디지털유산을 보존하기 위해 세부적으로, 구체적인 방안들을 제시하였다.

유네스코 헌장은 디지털헤리티지의 바이블 같은 존재이다. 물론 헌장 발표에 앞서 가이드라인이 발표되긴 하였지만, 가이드라인도 결국은 헌장을 제정하기 위한 과정에 불과한 것이다. 가이드라인이 방대한 분량을 자랑하지만 유네스코 헌장은 핵심적인 사항만 추려서 정립한 것이다. 또한 내용도 선언적으로 끝나는 것이 아니라, 각 참여자의 역할을 세부적으로 구분하여 유네스코가 해야 할 일, 회원국 및 민간이 해야 할 일 등을 구체적으로 명시하고 있다. 선행하여 작성된 가이드라인에서 공을 들인 만큼 내용도 손에 잡히도록 자세하게 기술되어, 디지털헤리티지를 보존하는 데 어려움이 없도록 작성되어 있다.

그러나 한계도 있다. 유네스코의 많은 회원국들이 참여하여 동의 절차를 거쳐서 제정되었지만, 강제성이 없다는 것이다. 결국은 이 헌장의 책무를 실현하기 위해서는 회원국인 각 국가가 위험성을 인지하고 디지털헤리티지 보존을 위한 절차에 적극적으로 나서도록 해야 하는 되, 각 회원국들에게 권고 수준에 머무르기 때문에 바로 실행되지 못하는 아쉬움이 앞선다.

그럼에도 불구하고 유네스코 헌장은 디지털유산 이라는 소외되지만 반드시 보존되어야 내용을 가장 먼저 관심을 가지고 추진했다는 점에서는 유네스코의 노력을 높이 평가 받을 만하다.

나. 디지털헤리티지 보존을 위한 가이드라인[20]

1) 가이드라인 개요

유네스코 디지털헤리티지 보존을 위한 가이드라인(이하 '가이드라인' 이라 한다.)은 호주 국립도서관의 콜린웹의 주도적인 참여로 2003년 3월에 작성되었다. 유네스코의 의뢰를 받아 호주 국립도서관이 주도하여 작성하고, 유네스코를 통해 보급 되었으나, 우리나라에서는 영문 가이드라인이 번역되지 않아 심도 있게 연구되지 못한 것으로 여겨진다.

---

20) 호주 국립도서관 '유네스코 디지털 유산의 보존에 관한 가이드라인' 2003.3

가이드라인이 좀 더 일찍 번역되지 않은 이유는 정책적인 내용뿐만 아니라 기술적이고, 전문적인 내용이 다수 포함되어 쉽게 접근하기 어렵고, 분량 또한 부담이 됐을 것이다. 가이드라인 서문에 나열된 참여인력만 봐도 얼마나 많은 전문가와 연구자들이 집필에 참여했는지를 쉽게 알 수 있다.

유네스코는 디지털 보존을 알리고 촉진하기 위한 전략을 개발해왔다. 이 전략은 a)정부, 정책 수립자, 정보 생산자, 문화유산 기관들과 전문가들, 소프트웨어 산업과 표준을 지정하는 단체들과의 광범위한 상담 과정; b)기술적 가이드라인의 보급; c)시범 사업들의 이행; d) 그리고 총회의 32차 회의에서 채택될 디지털유산 보존을 위한 헌장 초안 준비 등을 중심으로 진행되었다.

호주 국립 도서관과의 계약으로 유네스코를 위해 준비된, 이 문서는 계속 늘어나는 전 세계의 디지털 유산들을 보존하고 계속해서 접근성을 유지하기 위한 전반적이고 기술적인 가이드라인을 소개 하고 있다. 이 문서는 디지털 유산 보존에 대한 헌장초안의 자매편으로 기획되었다.

호주 국립도서관은 가이드라인을 준비하고 2002년 11월부터 2003년 3월 까지 헝가리의 부다페스트에서 진행된 지역 협의의 미팅이 시발점이었다. 이 지역 미팅에는 86개국 175명의 전문가가 참석했는데, 이들은 도서관과 기록보관소, 인터넷 서비스 제공자, 국가 표준화 단체, 소프트웨어와 하드웨어 산업 대표자, 작가, 변호사, 대학과 정부 고위층 등 넓은 범위의 이해당사자와 학계를 대표했다. 그들은 디지털유산 보존에 관한 예비 헌장 초안 마련에 적극 참여하였다.

이 가이드라인은 경영자들과 보존 전문가들이 세계 디지털 유산의 보존과 접근성 유지에 있어 당면한 복잡한 기술적인 문제해결에 도움을 주기위해서 작성되었다.

UNESCO는 2001년 10월, 디지털 유산 보존에 관한 결의안(Resolution on Preserving Our Digital Heritage)을 채택한 이래 급속한 속도로 상실되고 있는 디지털유산 보존에 대한 국제사회의 관심을 환기시키고자 하는 노력을 계속해 왔다. 특히 2003년 4월 제166차 UNESCO 상임위원회에서 「디지털유산 보존을 위한 UNESCO 헌장초안(The UNESCO Draft Charter on the Preservation of the Digital Heritage)」을 통과시켜 이를 위해 각 회원국이 취해야 할 시급한 조치와 UNESCO의 역할을 천명하였다.

디지털 유산 보존에서 UNESCO가 담당할 역할을 천명한 것은 12조이다. UNESCO는 디지털유산 보존을 위하여 다음과 같은 역할을 수행한다.

(a) 이 헌장이 정하는 원칙을 실행 프로그램에 반영하고, UN내에서와 디지털 유산의 보존에 관련된 정부 간 또는 국제 NGO 조직이 이 원칙을 실행하

도록 진작하며;

(b) 회원국이나 정부 간 또는 국제 NGO기구, 시민사
회와 민간부문이 함께 모여 디지털 유산의 보존에
관한 목표, 정책 및 프로젝트에 협력하는 기준점이
자 공개토론장으로서의 역할을 수행하고;

(c) 협력, 인식제고 및 역량 증대를 진작하고, 이 헌장
에 대한 자료집이 될 표준화된 윤리, 법제 및 기술
적 가이드라인을 개발하고;

(d) 앞으로 6년 동안 이 헌장과 가이드라인을 실행하
면서 축적한 경험에 기반 하여 디지털 유산의 보
존을 위해서 필요한 표준정립 도구를 파악한다.

마지막 항이 정하는 바에 따라 가이드라인 개발에 관
련된 UNESCO의 역할을 수행한 첫 번째 결과물이 2003
년 3월에 발표된 「디지털 유산 보존을 위한 가이드라인
(Guidelines for the Preservation of Digital Heritage)」이
다. UNESCO가 호주 국립도서관[21]에 개발을 의뢰하여 이
도서관의 보존 부서장(Director of Preservation)인 Colin
Webb이 작성하였다. UNESCO 헌장 초안의 발표를 앞두
고 2002년 11월에 개최된 아태지역 협의회(Consultation

---

21) 호주는 이 나라의 기록관리 국가표준이 ISO 국제표준(ISO 15489)으로 제
정되었을 만큼 기록관리 선진국이다. 특히 호주국립도서관은 시드니 올림
픽과 관련된 웹사이트 보존 프로젝트에서 시작된 웹 아카이빙으로 잘 알
려져 있으며 디지털 아카이빙 관련 정보사이트인 PADI로 세계적인 디지
털 아카이빙 활동을 주도하고 있기도 하다..

Meeting)도 호주 캔버라에서 열렸다. 이 가이드라인은 정책입안자, 고위경영자, 일선 관리자와 기술 실무자를 대상으로 한 지침을 제공하고 있으며 서론, 경영 관점, 기술/실무 관점, 용어와 참고문헌 등 부록으로 구성되어 있다.22) 이 가이드라인들은 유네스코와의 합의하에 호주 국립 도서관에 의해 작성되었다. 그리고 이들은 광범위한 문헌의 검토, 도서관의 자체 경험, 유네스코에 의해 조직된 다양한 지역 센터들의 협의에 기반하고 있다.23)

이 가이드라인의 전체적인 구성은 다음과 같다. <섹션 1>은 소개부분으로 유네스코 '디지털유산 보존에 관한 헌장 초고'와 함께 사례를 포함하고 있다. 또한 원칙요약에서는 가이드라인에 포괄된 원칙들을 관리자에게 요약해 주는 장이다.

<섹션 2>는 관리적 관점으로 디지털유산과 디지털의 연속성의 개념을 설명하고, 디지털 유산 자료의 가치와 범위, 그리고 유산들이 생존에 위협이 되는 요소들을 기술하고 있다. 디지털 유산을 보존하는 책임을 가진 사람들이 디지털 보존의 기본 성질, 목표, 전략을 이해하도록 도와주는 역할을 하고, 신뢰할 만한 디지털 보존 프로그램의 특징을 설명하고 있다.

---

22) 이소연 「디지털 유산의 장기적 보존 : 국가정책 수립을 위한 제안」 기록학 연구 10, 2004.10
23) 「유네스코 디지털 유산 보존을 위한 가이드라인」 제1장 서론, 호주 국립 도서관 제작, 2003.3

<섹션 3>은 기술적 & 실질적 관점으로 어떤 디지털 자료가 보존을 위해 선택되어야 하고, 반드시 보존되어야 하는 필수적인 요소들을 식별하는 방법에 대한 조언을 담고 있다. 데이터의 안전한 이동과, 그것들이 특별히 식별되고 다양한 종류의 메타데이터를 통해 설명되는 보존 프로그램 관리에 대한 설명과, 데이터 보호는 보존 프로그램의 필수사항이며, 데이터의 신뢰성은 데이터의 무결성 그리고 명확하고 지속된 데이터 식별과 관련이 있다. 디지털유산의 접근을 유지하는데 필요한 것이 무엇이며, 언제든지 접근을 보장할 수 있는 전략들에 대해서 이야기하고 있다.

<섹션 4>는 선택된 어휘 사전, 광범위한 읽기 자료, 항상 최신 상태로 유지될 수 있도록 훌륭한 자원들이 확보된 참고문헌들을 포함한다. 이와 같이 유네스코 디지털유산 보존을 위한 가이드라인은 정책입안자, 고위경영자, 일선 관리자와 기술 실무자를 대상으로 한 지침을 제공하고 있다. 디지털유산의 보존과 접근성을 유지하는데 있어 복잡하고 당면한 기술적 문제들을 해결하기 위한 조언들로 구성되었다.

2) 보존원칙 요약

디지털유산 보존 원칙은 관리자들에게, 디지털유산 보

존에 관한 가이드라인에 포괄(包括)된 원칙들에 대한 내용을 요약해 주고 있다. 가이드라인에서 정한 원칙들은 다음과 같다. '디지털 유산에 대한 원칙'은, 첫째 모든 디지털 유산들이 보존되어야 하는 것은 아니다. 오직 지속적인 가치가 있다고 판단되는 것들만 디지털 유산을 형성한다. 둘째 보존할 만한 정당한 이유를 가진 자료들에 있어, 생존과 접근성의 연속은 필수적이다. 이미 접근이 불가능한 많은 데이터로의 접근을 회복할 기회는 거의 존재하지 않는다. 연속성은 수동적인 '인자한 무시'보다는 지속적이고 직접적인 행동을 필요로 한다.

'디지털 보존의 원칙'은 디지털 자료들은 접근성을 상실하면 보존되었다고 말할 수 없다. 보존의 목적은 진정한 디지털 자료의 필수적 요소를 구현하는 능력을 유지하는 것이다. 또한 디지털 보존은 디지털 자료의 물리적, 논리적, 개념적, 본질적 요인 등을 위협하는 모든 측면을 다뤄야 한다.

'책임에 대한 원칙'은 디지털 보존은 단체와 개인들이 그 책임을 받아들였을 때에만 가능하며, 책임의 수용은 다른 보존 프로그램과 이해관계자들에게 끼치는 영향을 고려하여 명시적이고 확실히 선언되어야 한다.

'지킬 것 결정하기 원칙'은 선택하고, 결정 된 것들은 통보되어야 한다. 일관성이 있어야 하며, 책임을 질 수 있어야 하고, 보존하지 않을 결정은 보통 최종적이어야 한다.

'생산자와의 협력 원칙'은 보존 노력들은 디지털 기술의 트렌드와 그것이 어떻게 발전되고 사용되는지에 발맞추어야 한다. 생산자들이 사용하는 표준과 기술에 영향을 주고 보존의 필요성에 대한 그들의 인식을 확대하기 위해서는 협력이 중요한 투자이다.

'권리의 원칙' 보존 프로그램들은 그들이 책임을 가진 디지털 자료들을 모으고, 복사하고, 명명하고, 수정하고, 보존하고, 그 자료들의 접근성을 제공할 그들의 법적 권리를 분명히 해야 한다.

'통제를 위한 원칙'은 디지털유산 자료들은 그것들이 통제되고, 보호되고 보존을 위해 관리될 수 있는 안전한 장소로 이동되어야 한다. 독자적으로 식별되어야 하고, 메타데이터를 활용해 설명되어야 한다. 보존 프로그램들은 상호 운용을 위해 표준화된 메타데이터 개요를 사용하고, 메타데이터는 반드시 보존되어야 한다.

'신뢰성과 데이터 보호에 대한 원칙'은 신뢰성은 디지털 자료가 증거로서 사용되는 중요한 문제이다. 신뢰성은 손상되지 않은 완전한 상태의 데이터를 보장하는 수단들과 자료의 신원이 분명하게 등재된 문서로써 가장 잘 보호된다. 데이터 보호는 시스템의 안전성과 중복성이라는 원칙을 기반으로 한다. 보존 프로그램들에 있어, 중복성은 오래된 데이터에 새로운 것을 겹쳐 쓰는 것보다는 데이터의 장기적 유지를 위해 안전하게 저장하는 백업을 포함해야 한다.

'접근성 유지의 원칙'은 접근성을 유지하려는 목적은 장단기 적으로 언제든 접근할 수 있도록 보장하는 비용 대비 효율이 높은 방법을 찾기 위해서이다. 디지털보존에 있어 표준은 중요한 토대이며, 디지털 데이터는 늘 접근을 위한 소프트웨어와 하드웨어 장치의 결합에 의지한다.

'관리의 원칙'은 디지털 보존 프로그램들은 적재적소에 뛰어난 결정을 내릴, 지식들과 결합된 포괄적인 기술로 구성된 관리를 필요로 한다. 디지털 보존은 위험 요소 평가와 관리를 포함한다. 따라서 보존 프로그램들은 우선순위를 설정할 필요가 있다. 보존 프로그램들의 비용은 가늠하기가 어렵다. 정보 단위당 비용은 비디지털 자료보다 저렴하겠지만, 디지털 형태로 관리되어야 할 정보의 양이 많기 때문에 절차 비용과 반복되는 비용을 포함한 총비용은 높아진다.

'협력방안의 원칙'은 공동으로 일하는 것은 넓은 범위, 상호 지원, 필요한 전문 기술을 지닌 보존 프로그램을 만드는 데에 효율적인 방법이다. 협력은 비용과 선택, 잠재적 장점을 수반한다.

3) 관리적 관점

디지털유산 보존에 관한 관리적 관점의 대상들은 주로

디지털 유산을 보존하는 책임을 가진 사람들, 예를 들면, 프로그램 관리자 및 설계자 실무자들에게 디지털 보존의 기본 성질, 목표, 전략을 이해하도록 도와주는 역할을 한다. 디지털 보존은 디지털 유산을 필요로 하는 한, 그 지속성을 보장하는 모든 과정들이라고 볼 수 있다. 디지털 지속성에 있어 가장 큰 위협은 접근 방법을 잊어버리는 것이다. 만약 접근 방법을 놓쳤거나 접근이 불가능해진다면, 디지털 자료들은 보존되었다고 말할 수 없다. 디지털 자료를 보존하는 목적은 접근성을 유지하기 위해서이다.

관리적 관점에서 관심 있게 다뤄야 할 내용은, 책임을 가진 관리자, 프로그램 설계자 실무자들이 디지털유산에 대한 이해와, 본인이 담당하는 업무 내용에 대해 충분히 숙지하고 업무를 수행할 수 있도록, 이해시키고 설득시키는 데 중점을 두고 있다.

우선 관리적 관점 분야로는, 디지털 유산 및 디지털 보존관리, 디지털 프로그램에 대한 이해부분이다. 또한 책임수용에 대한 부분과, 관리자들이 디지털 유산을 보존하기 위하여 협력의 중요성 및 협력해야 하는 이유, 기술적, 경제적, 정치적인 부분과 협력해야 할 파트너에 대한 중요성이 주요 내용이다. 여기에서 디지털 유산 및 보존 등 이해에 해당되는 부분들은 디지털 유산을 보존하기 위한 관리적 관점의 기초지식에 대한 내용이라고 볼 수 있다.

디지털 보존은 언제나 동일한 방식으로 작동해야 한

다. 어찌되었든 나중에 필요할 때 기존 작동의 본질적 요소라고 판단되는 것들을 다시 보여줘야 한다. 이런 방식으로 개념화된 디지털 보존은 직접적으로 보일 수 있다. 저장장치에서 저장장치로 데이터를 복사하고, 의도된 성과를 다시 만들어내기 위해 올바른 장치를 제공하는 것은, 대부분의 디지털 자료들에 대한 접근의 지속성을 보존할 것이다.

디지털 자료들은 디지털 보존에 심오한 영향을 끼친다. 보존은 각 층위마다[24] 다른 의미를 지닌다. 디지털유산이 아닌 대상들을 위한 보존 프로그램들은 전통적으로 자료의 의미를 형상화하는 실질적(물질적) 자료를 보존하는 데 관심이 높았다. 하지만 디지털 자료에 있어 개개의 물질적 명시들은 놓치기 십상이다. 왜냐하면 물질적 보관을 위해 사용되는 미디어가 일반적으로 불안정하고 단기적인 악화에 취약하기 때문이다. 보존은 한 물질적 보관 매체에서 다른 매체로의 데이터 이동의 연속성을 필요로 한다.

디지털 자료 보존을 위한 전략들은 위에서 논의된 여러 접근성을 성취하기 위해 여러 층위의 디지털 자료들을

---

24) 이 개념은 Thibodeau K가 개작했다.(-Thibodeau K. 다가올 미래의 디지털 보존과 도전들로의 접근들. 디지털 보존의 상태: 국제적 관점 - 회의 자료, 문서 초록, 주식회사 정보 과학 기관, 워싱턴 D.C. 도서관과 정보 자원 의회, 워싱턴 D.Chttp://www.clir.org. /pubs/reports/pub107/thibodeau.html, 4월24-25, 2002.

보존하기 위한 전략들을 선택하고 실행하는 일을 수반한다. 이러한 전략들에는 다음과 같은 것들이 포함된다.

접근할 수 있는 방법의 효율적인 수명을 늘리고 관리되어야 할 알려지지 않은 문제들의 범위를 줄이고, 표준을 적용하기 위해 생산자들과 협력하는 것, 모든 것을 보존하는 일이 실용적이지 않다는 사실을 인지하고 어떤 자료가 보존되어야 할지 취사 택하는 것, 자료를 안전한 곳에 위치시키는 것, 자료를 조정하는 것, 접근을 수월하게 하고 모든 보존 과정을 지원하기 위해 조직된 메타데이터와 다른 문서들을 활용하는 것, 데이터의 완전한 상태와 개성을 보호하는 것, 기술적 변화에 직면하여 접근성을 제공하기 위한 적절한 방법을 선택하는 것, 효율적이고, 시기적절하며, 전체적인 상황을 앞서서 주도하고 책임이 있는 방법들로 목표를 달성하기 위해 보존 프로그램을 관리하는 것이다.

디지털 보존 프로그램 이해에서는 포괄적이고 신뢰할만한 디지털 보존 프로그램들의 특징에 대해 설명하고 있으며, 디지털 유산 관리자들과 프로그램 디자이너들에게 유효한 내용으로 구성되어 있다.

동 가이드라인에서는 보존 프로그램이란, 디지털 보존에 영향을 주기 위해 시행된 협의들의 세트들을 말한다. 이는 정책실행의 실용적 측면들을 포함한 방대한 개념이다. 디지털유산 자료들이 작용하는 환경에서 안전한 장소나 그것들이 물리적, 논리적 단계에서 위협을 주는 영향들로부터 보호될 수 있거나 접근성을 관리할 수 있는 기록보관소로 옮겨져야 한다고 주장한다.

관리적 관점 분야 중 책임수용 분야는 그 중요성이 가장 큰 부분이다. 예를 들면 아무리 좋은 기억매체와, 하드웨어가 있다고 해도, 이것을 다뤄야 할 관리 책임자, 즉 사람이 이것을 소홀히 하면 아무런 쓸모가 없는 무용지물이 될 것이다. 따라서 디지털유산 보존 관리자가 책임을 충분히 숙지하고 수용할 자세가 되어야 만 보존이 잘 이루어지는 것이다.

책임 수용은 프로그램 관리자들이 수용하게 될 보존 책임을 결정하는 것으로, 디지털 보존은 단체와 개인들이 그 책임을 수용할 때만 일어난다. 책임을 받아들인다는 것은 이 가이드라인들에 요약된 보존 절차를 밟기 위한 프로그램과 그것들이 이용 가능해짐에 따라 적절한 발전 절차들을 제자리에 배열하는 것을 포함한다. 보존 책임은 디지털 유산의 보존에 있어 중요한 문제이다.

만약 단체와 개인들이 행동을 취하기로 합의하지 않으면 디지털유산의 많은 부분이 짧은 시간 내에 소실될 것이다. 이 가이드라인에서 제시되는 접근법은 그들의 책임 결정을 두 가지 방법으로 고려하는 데 관심을 가진 조직들을 위한 것이다. 책임을 수용할 근거가 있는가? 만약 그렇다면, 어떤 종류의 책임이 수용되어야 하는가? 모든 경우에서, 결정의 질은 고려되는 자료에 대한 지식과 통찰력, 필요한 작업들, 이해당사자들의 기대, 그리고 이용 가능한 자원들의 영향을 받는다.

두 번째 질문인 어떤 종류의 책임이 수용되어야 하는가? 많은 경우 완전하면서도 신뢰할 만한 보존 책임을 제공할 수 있는 사람은 없을 것이다. 몇몇 디지털유산의 유일한 생존 기회는 제한되고 믿을 만하지 못하지만 자신들이 할 수 있는 친숙한 행동을 수행하는 몇몇에 의존한다. 이렇게 함으로써 더 믿을 만한 프로그램이 자리 잡기 전까지 충분한 시간을 벌 수 있을 것이다.

보존 책임이 곤란한 도전들에 직면할 때, 몇 가지 실용적인 조항들이 도움이 될 것이다. 누군가는 책임을 져야 한다. 만약 아무도 그러지 않는다면, 자료가 살아남을 확률은 매우 희박할 것이다.

이 가이드라인들이 명시하듯, 보존프로그램에 필요한 책임보다 더 많은 책임들이 존재한다. 많은 과업들(무엇을 보존할지 결정하는 일 같은)은 다른 사람들과의 협력으로 가장 잘 수행된다. 만약 책임을 나눌 만한 사람이 없다면, 보존 프로그램은 개인이 혼자 감당할 수 있는 책임에 대해 현실성 있는 결정을 내려야 한다. 모든 것이 한 번에 이루어져야 하는 것은 아니다: 큰 범위의 모든 요소를 발전시키는 포괄적인 보존프로그램은 시간이 소요된다.

디지털유산 자료를 위한 보존프로그램에 대한 계획을 수립하고 관리하는 책임은 누가 맡아야 하는가? 실행 가능한 수단으로는 도서관, 기록보관소, 박물관 같은 기존의 '기억' 단체들이 담당하는 역할의 연장; 혹은 디지털유산을 보존하는 일에만 집중된 새로운 기구의 설립; 이미 디지털 자료를 관리하는 것에 관련된 다른 잠재적 '보관자들'에게까지 보존 역할을 확대하는 것; 혹은 이들의 조합 등이 있다.

또 하나의 사람들이 해야 할 디지털유산 보존을 위한 분야중 하나가 협력이다. 모든 일이 그렇지만 디지털유산 보존분야도 다른 분야와 마찬가지로 서로 유기적인 관계를 맺고 있는 사람들끼리의 협력 즉 파트너십이 중요하다. 협력이 활성화 되면 디지털 유산을 보존하거나 관리하는 비용을 크게 절감시킬 수 있는 것은 물론, 서로의 보존관리 노-하우를 공유하거나, 인건비를 획기적으로 절약 할 수 있는 방안이 도출되기도 할 것이다,

협력은 프로그램관리자들이 디지털 유산을 보존하기 위하여 협력의 중요성 및 협력해야 하는 이유 기술적, 경제적, 정치적인, 부분과 협력해야 할 파트너에 대한 중요성에 있다. 성공적인 협력은 이러한 선택들에 신중한 주의를 기울이고 실제 협력을 위하여 노력할 때 이루어진다.

디지털 유산과 협력은 궁합이 잘 맞는다. 이러한 자료

들은 복제하기가 쉽고, 많은 것들이 네트워크로 접근이 가능하기 때문에 원거리에서 관리하는 것이 용이하다. 각 보존 프로그램을 위한 디지털 보존의 전반적인 토대를 확립하는 것은 또한 매우 많은 비용이 소요된다. 따라서 시설을 공유하는 방법을 모색하는 것이 바람직하다. 협력해야 할 정치적인 의무 또한 존재한다. 공동체는 최대한 많은 디지털유산을 일관성 있게 보존하기 위해 프로그램들이 협력할 것이라는 합리적인 기대가 가능하다.

잠재적인 파트너는 같은 부문에서 일하고 있는 다른 이가 될 확률이 높다. 예로는 대학 도서관으로 구성된 컨소시엄 데이터 보관소의 네트워크, 동일한 소프트웨어 기능을 사용하기로 한 정부 기관들, 혹은 음반을 위한 보관 시설을 공유하는 녹음 스튜디오가 있을 수 있다. 기존의 협력관계에 합류하거나 새로운 파트너십을 형성하는 것도 가능하다.

그러나 부문적 경계에서 벗어나는 것, 특히 디지털 기술과 사용자의 기대가 부문 간의 경계를 갈수록 모호하게 만드는 상황에서, 또한 이로울 수 있다. 예를 들어, 다수의 도서관, 기록 보관소, 연구 기관, 데이터 보관소, 지역적 생산자들은 모두의 요구를 충족하는 지역적 프로그램을 개발하기 위해 힘을 합치는 것을 고려할 수 있다. 보존 프로그램과 생산자, 거대기업, 사용자, IT기업 혹은 좋은 관례를 조성하는 일에 관심을 가진 정부 기관을 포함한 흥미가 있는 이해당사자들 간의 공식적인 협력 프로그램의 기회가 있을 수 있다.

보존 프로그램 관리는 디지털 유산 보존을 위한 핵심적인 내용이 될 수 있다. 디지털유산의 생명은, 어떤 디지털 보존 프로그램을 선택하느냐에 따라 크게 좌우 될 수 있다는 것이다. 즉 얼마나 생명력이 있고, 호환성이 있으며, 안정적으로 디지털 자료를 잘 보관하고, 자료 관리가 쉽고, 시스템 운영관리가 용이한 프로그램을 선택하는 것이 매우 중요하다는 뜻이다.

믿을 만한 보존 프로그램들은 장기적으로 지속되어야 하며, 따라서 충분한 자원을 계속 이용 가능하도록 보장하는 사업 모델을 필요로 한다. 하지만 안타깝게도 그러한 보장들은 현실 세계에서는 희귀하다. 대부분의 프로그램들은 확실성이 충분치 않은 상태에서 생존해야만 한다. 프로그램 관리자들은 장기적 사업 모델을 모색하는 도전에 직면해야 하지만, 동시에 단기적 자금 조달 프로그램을 수립해야 하고, 하나의 프로그램에서 다른 프로그램으로 바꿀 적절한 시기 또한 알고 있어야 한다.

디지털 보존에 있어 표준들과 관습들은 급속도로 진화하고 있고 프로그램 관리자들은 그들의 지식이 최신 상태로 유지될 수 있도록 하는 방법을 강구해야 한다. 프로그램을 공유하는 공적 정보들은 새로운 프로그램을 발전시키는 이들에게 진정한 이점을 제공하는 동시에 이러한 부담을 완화시켜줄 것이다.

　프로그램관리자는 다음의 역량들을 보유해야 한다. 문제해결 능력(기술력), 그리고 현재 장기적 답이 없을 수 있는 복잡한 문제에 대처할 수 있는 능력, 단기, 중·장기적 문제를 고려한 사전 접근법, 연관된 기술적, 보존기업, 법적 정치적 측면에 대한 적절한 인식, 비판적 사고를 할 수 있는 능력, 새로운 생각을 받아들이고 변화에 적응하는 능력, 협업 능력, 정보를 공유하고 다른 사람과 함께 일하는 방법을 모색하고자 하는 의지 등이 요구된다.

　표준들은 컴퓨터가 수행하는 거의 모든 업무에 숨어 있다. 따라서 표준은 디지털 자료의 생성과 사용에 있어 중요한 토대를 형성한다. 하지만 이 표준들은 아직 보존의 위대한 조력자가 되지는 못했다. 이들은 잘 선택되고 사용되기만 한다면 중요한 기여를 할 것으로 기대된다. 그러한 기여들은 다음의 영역에서 실현될 수 있다.

　상대적으로 보존되기 쉬운 디지털 자료의 생성 일부 파일 포맷들(표준화된 것들)은 광범위하게 유용하다고 증명되었다. 또한 개발 공동체에 의해 장기적으로 사용될 수 있는 모범적인 것으로 채택되었다. 예를 들어 태그 이미지 파일형식(TIFF)과 범용 마크업 언어규약(SGML), HTML과 XML을 포함한 조직화된 기록들을 위한 포맷들이다.

4) 기술적 & 실질적 관점

동 가이드라인에서 디지털유산 보존에 관한 기술적 & 실질적 관점으로 제시한 대상들은 보존대상의 결정, 생산자와의 협력, 관리하기: 이동과 메타데이터, 저작권 관리, 데이터 보호, 접근성 유지, 시작에 따른 몇 가지 고려사항 등이다.

디지털 유산을 보존하고 관리하는데 있어, 실제적'으로 도움이 되는 사항이나, 기술적인 관점에서 요구되는 필요한 내용을 기술하고 있다. 이러한 관점들 중에서 보존대상 결정하기와, 생산자들과의 협력 저작권 관리 등이 필요한 실질적인 관점에 해당된다.

먼저 실질적으로 디지털 유산을 보존하려면, 제일먼저 부딪히는 문제가 What일 것이다. 무엇을 보존할 것인가에 대한 문제에 봉착하게 된다. 이 문제를 해결해야만 그 다음 문제들이 자연스럽게 풀려져 간다. 이와 관련하여 동 가이드라인에서는 다음과 같이 기술하고 있다.

어떤 디지털 자료가 보존을 위해 선택되어야 하고, 보존할 가치가 있는지 결정하는 일은 반드시 필요하다. 대다수의 같은 접근들은 디지털유산 결정에 필수적이다. 보존 프로그램들은 또한 가치 있다고 사료되는 자료의 요소와 특징을 정의해 그러한 요소들이 지속될 수 있도록 해야 한다. 무엇을, 누구에 의해, 얼마나 오래 지킬지 결정하는 것은 모든 종류의 실재하는 유산들을 관리하는 데 있어 필수적인 결정이다.

보존대상 자료의 선정 과정들은 보통 불확실성을 다뤄야 하고, 그것은 주관적이고 이론적인 결정을 수반한다. 그러나 그들은 교육되어 있어야 하고, 일관성 있어야 하며, 설명할 수 있어야 한다. 결정들은 보존 책임을 받아들이는 조직의 목표를 반영하는 선정 정책에 일관적으로 기초하여야 한다. 도서관, 박물관, 기록보관소와 같은 수집 기관들에게는 현존하는 수집 발전 정책이 적절한 방향을 제시해줄 것이다.

책임과 관련하여 선정 과정은 가시적이고 공개적으로 이용 가능한 정책 서류에 기반하며, 무엇이 선발되었고 무엇이 제외되었는지에 대한 명확하고 명백한 설명이 제공되어야 한다. 디지털유산 자료를 선정하는 일에 관한 특정한 표준을 제시하기란 불가능하다. 왜냐하면 그것들이 보존할 가치가 있다고 결정되는 이유가 매우 다양하기 때문이다. 그러나 기본적인 원칙은 다음과 같다. 결정들은 주로 보존 책임을 수행하는 조직의 임무를 지원한다는 측면에서 자료의 가치에 기반 하여야 한다. 이 가치는 보존에 따르는 비용과 어려움, 자원의 예상된 이용 가능성과 비교해 검토되어야 한다. 쉽게 저장될 수 있는 자료부터 시작하는 데는 충분한 이유가 있다.

우리는 흔히 어떤 디지털 유산이든지 보존에 대한 수

집단계에서, 이 자료를 보존할 것인지 아니면 그냥 버릴 것인지에 대한 판단은, 어떤 법적인 규정이 존재하지 않는 한, 전적으로 데이터 생산자들의 생각이나 의지에 달려있다고 할 것이다. 쉽게 말해 생산자가 데이터 생산 후 폐기처분해 버리면 그만이다.

따라서 생산자와의 협조는 반드시 필요한 부분이며, 다만 어떻게 협력해서 중요데이터 생산자들의 협조를 이끌어 낼 것인가가 관건이다. 생산자들이란 보존 프로그램에 진입하기 이전 디지털 자료의 디자인, 저작, 창조, 배포와 관련된 모든 이들을 의미한다. 디지털화 프로그램들은 그들의 디지털 결과물이 보존 프로그램들의 접근성을 위해 관리되어야 하는'생산자들'의 부문에 정확하게 부합된다.

디지털유산들은 장기적 유용성과 반드시 관련되지 않은 생산자들에 의해 만들어진다. '디지털유산'의 생산은 그들의 의도가 아닐 수도 있다. 지속되는 가치에서 무언가를 만들려 하는 이들도 그렇게 할 지식이나 수단을 가지고 있지 않을 수가 있고, 혹은 그들이 일하는 환경에서 다른 방해물들에 의해 강요당하지 않을 수도 있다.

생산자들과 협업한다는 것은, 그들이 보존 프로그램의 존재, 임무, 기능을 알도록 하는 것, 생산과정이 보존과정을 돕거나 방해하는 방법을 논의하는 것, 양쪽 모두에게 있어 보존에 방해되는 모든 요소들을 최소화하는 것의 이

점을 식별하는 것, 상호간에 받아들일 만한 보존과정을 촉진할 방법을 찾는 것, 생산자들의 우려들을 파악하고 그 문제를 해결할 상호간에 받아들일 만한 방법을 찾는 것, 표준, 형식, 파일관리, 메타데이터의 사용과 같은 바람직한 행위에 대해 상세한 조언을 제공하는 것, 권리 관리에 대한 프로그램을 협상하는 것, 시범 사업과 공동 평가를 통해 특정한 행동을 취하도록 합의를 완료하는 것이다.

생산자들과의 협력과 관련되어 또 하나 대두되는 문제가 권한의 문제이다. 자료의 수집과정에서 지적 재산권을 소유하고 있는 생산자와 법적인 문제를 어떻게 해결해 나가야 하는 것이, 디지털유산 보존을 위한 가장 중요한 요소로 대두되기 때문이다. 결국은 저작권 문제가 해결되지 않는다면, 보존도 불가능해 지는 것이다. 수집이 불가능하거나, 설령 수집을 했다고 하더라도 저작권 문제가 해결되지 않은 자료는 활용할 수 없기 때문이다.

디지털유산 자료들은 일부 법적 효력을 가지고 있는 다양한 권리와 기대의 대상이다. 저작권과 같은 권리들은 투자된 지적 재산권으로부터 야기된다. 보존 프로그램이 직면하고 관리해야만 하는 다양한 권리들과 기대들은 일반적으로 다음과 같다. 생산자들의 지적 재산권은 자료의 다른 측면과 관련 있는 다양한 층에 존재할 수 있는 저작권을 포함한다.

보존은 권리문제와 관련 있는 많은 과정들을 수반한다. 디지털유산의 지속성을 달성하기 위해, 보존 프로그램은 반드시 다음과 같은 사항을 담보해야 한다. 자료를 입수하여 보존하고 있어야 한다, 보통 복사본을 만들 필요가 있다. 보존 목적으로 더 많은 복사본을 만든다. 필요하다면 생산자들이 접근을 제한하고 복사를 방지하기 위해 사용하는 장치들을 우회해야 한다.

어떤 자료들이 보존되어야 하는지 결정해야 한다. 메타데이터와 필요하다면 파일 구조와 파일명을 수정한다. 접근성을 담보하기 위해 가능한 모든 수단을 사용한다. 인가된 사용자에게 적절한 접근을 제공한다.

권리문제에 대한 해결법을 찾는 것은 어려울 수 있지만, 문제들을 극복할 수 없는 것은 아니다. 문제를 해결하는 일은 다른 이의 합법적 관심에 대한 존중을 필요로 한다. 해결법들은 보통 상호 필요와 이익을 인식하는 협력적 접근법을 통해 발전될 수 있다.

보존 프로그램들은 다음과 같은 사항을 분명히 함으로써 크게 기여할 수 있다. 타당한 권리의 관리가 가능하다. 합리적인 상업적 이익을 위태롭게 하지 않으면서 보존 목표에 부합할 방법들이 있다. 참고문헌과 메타데이터 서비스를 통해, 보존 프로그램들은 공동체 지식과 권리 소유자들의 물품 이용을 촉진할 수 있다. 보존을 위한 자료를 선택함으로써, 보존 프로그램들은 기록, 연구결과, 출판되지 않은 자료들의 중요성을 인정할 수 있다.

　디지털 유산을 보존하기 위한 기술적인 요소들은 매우 다양하다. 우선 당장에 부딪치는 대상이 하드웨어와 소프트웨어가 된다, 하지만 이러한 도구적인 요소들도 결국은 생산된 자료를 잘 보존하고 관리 활용하기 위한 도구에 불과하다. 따라서 일단 데이터를 잘 보호하는 것이 급선무라고 생각된다.

　데이터는 반드시 보관되어야 한다. 신중한 보존은 디지털 자료가 원래 의도된 바대로 얼마나 완벽하게 복구할지에 집중하는 것이 적절하며, 디지털 자료가 데이터와 같이 근본적인 형태가 존재한다는 사실을 잊어서는 안 된다. 동일성은 원본자료가 다른 자료와 혼동되지 않는 것이고, 자료의 고결성은 그것의 의미를 바꾸는 방법으로 변하지 않았다는 것에 대한 신뢰로부터 나온다.

　동일성과 고결성의 유지는 지속되고 기록된 최초에 만들어진 자료와 현재 구현되고 있는 자료 간의 연결성을 시사한다. 자료가 다른 자료와 확실하게 구별되지 못한다면 신뢰성에 해가 된다. 이것은 데이터 식별, 식별자의 변화, 다른 버전 혹은 복사본들 과의 관계 기록에 실패하는데 있어서의 혼동으로 일어날 수 있다.

　데이터 보호의 가장 핵심은 역시 데이터의 신뢰성과 무결성을 확보하는 일이다. 그리고 이것을 활용하기 위해서는 DBMS(데이터베이스 관리시스템) 에 쉽게 접근할 수 있는 수단을 제공해 주는 것이 필요하다. 디지털 보존관리 시스템에 접근하여 디지털유산 자료를 손쉽게 활용하기 위해서는 데이터베이스구축 단계에서 메타데이터를 동시에 같이 구축하여 주는 것이 필요하다. 메타데이터가 구축이 되면, 우리가 필요로 하는 자료를 메타데이터를 활용하여 방대한 자료 속에서 원하는 정보를, 검색시스템을 통해 찾아 볼 수 있기 때문이다.

많은 시간이 흘러 디지털유산 자료를 검색해 보고자 할 경우에, 우리가 가지고 있는 PC나 단말기에서 접속프로그램을 구동하여 데이터에 접속할 수 없다면, 이미 구축된 디지털 유산은 소실되거나, 폐기된 것과 마찬가지이다. 이러한 문제점을 해결하기 위하여 끊임없는 투자가 이루어져야 한다.

소프트웨어와 하드웨어의 변화는 자료에 대한 접근 수단의 손실을 가중시킨다. 이것은 대부분의 보존프로그램에 있어 핵심 과제이다. 프로그램 관리자들은 반드시 디지털 자료들과 그것들의 접근 수단 사이의 관계를 이해하고, 사용자들에게 접근을 제공할 때 무엇이 제시되어야 하는지를 고려하며, 필요할 때 언제든지 접근을 보장할 수 있는 전략들을 결정해야 한다. 디지털 자료들의 생애주기 초반부터 자원의 투자에 기반 해야 하는 이유이다.

10년 전에는 흔했던 기술들로 만들어진 몇몇 자료들은 이미 현재의 기술들로 이용하기에는 어렵다. 보존 프로그

램들은 반드시 주요 목적을 성취하기 어렵게 만드는 변화
하고 쇠퇴한 기술들의 위협을 우회할 방법을 찾아야 한
다. 이는 접근의 계속성을 유지하는 것이다. 보존프로그램
들은 어떤 버전들이 유지되어야 하는지, 그리고 어떤 것
이 미래에 새로 생성될 수 있도록 할지를 반드시 결정해
야 한다. 보존 프로그램들은 그들이 지속해야 하는 본질
적인 요소들을 반드시 정의해야 한다.

데이터와 소프트웨어 사이에는 항상 의존적인 관계가
존재한다. 모든 데이터가 사용자에게 이해 가능한 형식으
로 출력되려면, 특정한 소프트웨어가 필요하다. 아직까지
디지털 자료의 기술적인 노후화 문제에 대한 세계적으로
적용 가능하고 실용적인 해결책은 없다. 몇몇 시도들이
제안되긴 했지만, 모든 자료, 모든 목적, 모든 시간에 부
합하는 효율적인 접근 수단을 제공할 수 있는 특정한 해
결책이 나올 것 같지는 않다.

이 단계에서, 만약 그들이 다양한 자료에 장기간 동안
책임을 가져야 한다면, 보존 프로그램은 여러 전략들을
모색해야 한다. 가장 실용적으로 보이는 장기적 시도를
프로그램 하는 동시에 '관리할 수 있는 미래로의 접근을
보존할 수 있는 활발한 조치를 취하는 것이 중요하다.

결국은 디지털유산 자료에 접근하기 위해서는 새로운
시스템으로의 주기적인 데이터 이동을 통해 접근성을 유
지시켜 나가는 방법 밖에는 없다. 지속적인 재투자가 선

행되어야만, 디지털유산의 생명줄이 연장되고, 살아남을
수 있는 가장 확실한 방법이라고 생각된다.

다. UBC/벤쿠버 선언[25]

유네스코 UBC 벤쿠버 선언은 2012년 9월26일부터 28
일까지 캐나다 브리티시 콜롬비아 주 벤쿠버에서 '디지털
시대의 세계기록유산: 디지털화와 보존(The Memory of the
World in the Digital Age: Digitization and Preservation)'이라
는 주제를 가지고 개최된 국제회의에서 채택된 선언이다.

이 국제회의는 유네스코 사무총장이 직접 주최하였으
며, 110개국에서 온 500여 명의 관계자들이 참가하였다.
이번 회의에서는 디지털 기술은 정보의 전송 및 보존을
위한 전례 없는 수단을 제공하고 있고, 디지털 형태로 된
문서와 데이터는 과학, 교육, 문화, 경제, 사회발전에서 중
요한 역할을 하고 있으나, 장기간에 걸쳐 그 지속성을 확
보하는 일이 아직까지 난제로 남아 있다.

디지털 자원의 지속가능한 접근에 관한 정책은 국가마
다 크게 차이가 있으나, 근본적인 문제가 보편적으로 존
재한다. 이러한 자원을 관리하기 위해서는 긴밀한 협력이
모두에게 바람직하다. 현재 디지털 정보가 소실되는 이유

---

25) 유네스코/브리티시콜롬비아대학교 벤쿠버 선언 디지털시대의 세계기록유
   산: 디지털화와 보존, 2012년 9월 26일-28일

로 그 정보의 가치가 과소평가되거나, 법제도적 기반이 마련되어 있지 않거나, 기관의 지식, 기술, 자금 부족으로 인해서 정보가 사라지고 있는 것으로 판단하고 있다. 이러한 문제들을 깊이 있게 논의하고 대책을 모색하기 위한 회의였다.

이와 관련하여 회의 참가자들은 디지털 환경에서의 기록, 문서 및 데이터와 관련하여 다음과 같은 두 가지 주요한 측면에 영향을 끼치는 요소들에 대해 논의했다. 첫 번째 아날로그 자료의 디지털화와 관련한 문제, 두 번째 신뢰할 수 있고 정확한 진본 디지털 자료의 지속성, 접근성, 보존과 관련된 문제들을 가지고 집중적으로 논의 하였다. 이번 회의에서는 회원국들 간의 열띤 토의를 통해 다음과 같이 합의문을 도출하였다.

1. 세계인권선언 19조에 규정된 바와 같이, 모든 사람은 국경에 상관없이 모든 매체를 이용해 정보를 구하고, 받고, 전달할 권리를 가진다. 따라서 디지털 정보를 이용 시에도 이 권리를 행사한다. 기록유산 및 기록시스템의 신뢰성과 무결성은 이 권리의 지속적인 행사를 위한 선결요건이다.

2. 아날로그 문서는 디지털화를 통해 물리적인 접촉을 줄임으로써 문서의 훼손을 예방할 수 있으며, 시청각 문서는 디지털화가 영구적 보존의 유일한 방법

이다.

3. 많은 자료가 처음부터 디지털로 생산되고 있는 자료들도 처음 생산단계부터 접근성과 보존 문제들이 적용되어야 한다.

4. 제도적 규제에 따른 근본적인 법적 원칙을 존중하고, 접근성과 개인정보 보호, 지식에 대한 권리와 경제적 권리 간의 균형을 잡고, 디지털 형태로 된 현지의 문화유산과 전통지식에 대한 소유권과 권한을 존중하는 디지털 보존 모델을 수립하고자 할 때 반드시 디지털 환경에 대한 이해가 뒷받침되어야 한다.

5. 디지털 보존은 개발 우선과제가 되어야 하며, 보존된 디지털 기록의 신뢰성과 장기적인 접근성 및 이용성을 보장하기 위해서는 인프라 투자가 반드시 필요하다.

6. 정보 전문가들을 위한 교육훈련 프로그램을 개발 보급하여, 그들이 자국의 필요에 부합하는 디지털화 및 보존 사업을 구현할 수 있도록 해야 한다.

7. 장기적인 접근성과 신뢰성 있는 보존을 위한 해결책, 합의 및 정책들을 포괄한 로드맵을 조속히 마련해야 한다. 이 로드맵은 국가 및 국제적 우선과제와 일치해야 하며 인권이 온전히 고려되어야 한다.

동 선언에서 회의 참석자들이 유네스코 사무국에 촉구

하는 권고사항은 다음과 같다. 다른 UN기구, 기금 및 프로그램과의 협력 등을 통해, 디지털 보존 프레임워크와 관행이 현실화되도록 적극 행동한다.

디지털 형태로 된 문화유산의 보존과 이에 대한 접근성을 보장하고, 접근성을 담보할 수 있도록 기록보존관, 도서관 및 박물관의 국제 활동을 지원하여 저작권의 예외 및 제한에 대한 국제적인 법적 틀을 공고히 한다.

국제적인 전문협회 및 기타 국제기구들과 협력하여, 디지털화 및 디지털 보존을 위한 학술적 커리큘럼을 개발한다. 전문가들의 디지털 정보관리 역량을 증진할 수 있는 훈련 프로그램과 범세계적인 교육을 실시하고, 디지털 포맷 레지스트리의 확립 등 디지털화 및 디지털 보존 관행의 표준화 문제를 논의하는 다자간 포럼을 마련한다.

국제적인 전문협회 및 연구팀과의 협력을 통해, 디지털화 및 디지털 보존에 대한 지침, 정책, 절차 및 우수사례 모델을 마련하여 제공한다. 세계기록유산 프로그램의 지원 하에, 모든 이해관계자들이 신뢰성 있는 디지털 인프라와 디지털 보존에 투자하는 국제적 디지털 로드맵을 개발하여, 공신력 있는 디지털 정보를 바르게 관리하는 일이 지속적인 발전의 근본이라는 믿음을 갖게 한다.

자연재해 등으로 소실 위험이 있는 문서자료의 긴급보존을 위한 비상 프로그램과 H/W나 S/W 단종으로 인한 사장될 위험이 있거나 이미 단절된 아날로그 및 디지털

유산의 복구를 위한 프로그램을 마련한다.

디지털 증거분석(또는 디지털 포렌식, digital forensics)[26])의 개념, 방법 및 도구에 정통한 문화유산 전문가들의 참여를 독려하여, 중요하면서도 전·후 관계가 있고 공신력 있는 정보의 수집과 보존 그리고 해당 정보의 이용에 필요한 적절한 중재가 이루어지도록 한다.

2003년도 유네스코 선언문 중 디지털유산 보존에 관한 구현 지침을 갱신하고, 유네스코 집행이사회 제190차 총회에서 검토되고 있는 기록유산에 관한 권고안에, 디지털화된 문화유산의 보존과 이에 대한 접근성을 포함시킬 것을 고려한다.

국내외 연구 및 유산기관과 협력하여, 디지털 자료의 보존 역량 측면에서 리포지터리(repository)의 신뢰도의 개선 가능성을 평가할 수 있는 기준을 개발한다. 국제표준 관련기구와의 협력을 증진하여, 디지털 보존에 관한 여러 참고자원간의 무결성을 높이고, 유네스코가 천명한 원칙에 따른 개발을 지원한다.

유네스코 회원국들이 행동할 것을 촉구하는 내용은 다음과 같다. 주요 지식에 대한 모든 국민의 알 권리를 보장하는 법을 개발하여 집행하고, 급속히 변화하는 기술

---

26) '컴퓨터 법의학'이라고도 불리며, 전자증거물을 사법기관에 제출하기 위해 휴대폰, PDA, PC, 서버 등에서 데이터를 수집 분석하는 디지털수사과정을 뜻한다. 검찰청 등 주요 수사기관마다 포렌식 센터(forensic center)가 개설돼 있다.(출처: 매일경제 매경닷컴)

환경에서 디지털 유산의 보존을 가능케 하고 지원하는 공적 정책을 개발한다.

입법기관 및 보존기록관, 박물관 등 유관 기관들 간의 협력을 증진하여, 디지털 문화유산의 보존 및 이에 대한 접근성을 지원하는 법적 틀을 마련한다. 디지털 정부기록에 대한 신뢰를 구축하여 유지할 수 있는 열린 정부(open government)와 오픈 데이터를 위한 전략을 개발한다.

국민들이 알 권리가 있는 정보가 공개되어 이용될 수 있도록 법적 장치를 마련하고, 민간 기관들이 신뢰성 있는, 디지털 인프라와 디지털 보존에 투자하도록 독려한다. 또한 디지털 형식의 자료 납본에 관한 법을 증진하기 위한 권고안을 개발한다.

정보 관리기관과 같은 적절한 감독기구를 설립하여, 보존용 정보의 선정 및 디지털 정보를 보존하고, 이에 대한 접근성을 제고할 수 있도록, 보존기록관과 도서관, 박물관, 기타 유산기관들이 필요로 하는 독립성을 감시 보호한다.

세계기록유산 목록에 등재될 수 있는 디지털 기록유산을 발굴하고 또 등재를 요청한다. 미래의 디지털 환경에서, 아날로그 콘텐츠가 디지털 형태로 제공되도록 하고, 디지털 보존이 갖는 중요성에 대한 대중적 인식을 제고한다. 아울러 정부기관 및 민간에서 디지털화 및 디지털 보존에 대한 표준과 보편적으로 인정되는 기준 및 우수관행을 활용할 수 있도록 한다.

문화유산 분야의 전문기관들에게 권고하는 내용은 다음과 같다. 다른 전문협회 국내외 기관 및 기업들과 협력하여 디지털 납본법을 지원함으로써 처음부터 디지털로 생산된 자료가 보존될 수 있도록 한다.

디지털 환경에서 모든 형태로 생산된 기록정보의 관리 및 보존을 가능케 하는 실질적인 비전이 개발되도록 지원한다. 회원들이 디지털 정보의 신뢰성, 진본성, 저작권, 미래의 이용을 고려하여, 디지털 자료의 모든 측면을 포괄하는 정책을 개발하도록 한다.

민간분야와 협력하여 디지털 형태로 기록된 정보의 장기 보유 및 보존을 증진하는 제품이 개발되도록 하고, 디지털 정보가 처한 구체적인 문제들을 적시하여 평가하고, 그러한 위험을 완화할 수 있는 적절한 절차와 정책을 구현하도록 한다.

민간기관들에게 권고하는 내용은 다음과 같다. 보존기록관, 도서관, 박물관, 기타 유관 기관들과 협력하여 디지털 정보에 대한 장기적인 접근성을 보장한다. 정보 전문가와의 협력 하에 공인 메타데이터 표준을 준수하여, 진본으로 추정되고 신뢰성과 정확성이 보장될 수 있는 자원의 상호운용을 보장한다. 디지털 형태로 생성된 정보가 장기간 보존되는 국내외의 표준 관련 논의나 협력 프로그램에 참여할 때 디지털 보존 문제를 고려한다.

5. 민간그룹의 런던헌장(THE LONDON CHARTER)[27]

런던헌장은 2009년 2월에 '문화유산의 컴퓨터 기반 시각화를 위하여' 라는 주제를 가지고, 유네스코가 아닌 전문가 그룹에 의해 작성되었다. IT기술이 급속도로 발전하면서 문화유산의 연구와 커뮤니케이션 및 보전 등에서 많이 활용되고 있지만, 디지털 유산의 시각화가 장기적으로 지식적인 면에서나, 기술적으로 신뢰성을 보장받기 위한 원칙들이 필요한데, 이러한 원칙들을 정하기 위하여 동 헌장을 제정하게 되었다.

그동안 문화유산 디지털화를 통한 시각화는 학문적으로 활용되면서 연구결과에서 증거와 가설의 차이점이나, 컴퓨터 도구를 활용하여 제작된 디지털유산 결과물이 실제적으로 얼마만큼의 정확성과 신뢰성을 확보할 것인가 하는 것이 관건이었다.

런던헌장은 관련 주제 지역사회 내에서의 광범위한 인식과 규칙 준수를 요청하는 방식으로, 이와 관련된 이슈에 대한 공감대를 수집하여 구축하고자 한다. 이런 과정에서 헌장은 유산이라는 맥락에서 컴퓨터 기반 시각화의 기법과 성과가 이용·검증될 때의 엄밀성을 강화하는 것을

---

27) Richard Beacham, Franco Niccolucci '런던헌장' 문화유산의 컴퓨터 기반 시각화를 위해 2009.2.7일 제정, *Editor:* Hugh Denard, King's College London,

목표로 하고 그럼으로써 컴퓨터 기반 시각화의 기법과 성과에 대한 이해와 인식이 촉진될 수 있을 것이다.

따라서 동 헌장은 컴퓨터기반 시각화 기법의 활용을 위한 원칙을 지식적인 완전성과, 신뢰성, 문서화, 지속가능성, 접근과 관련하여 정의한다.

앞으로 문화유산의 컴퓨터를 활용한 시각화 기법의 범위가 지속적으로 증가하고 있으며, 이러한 기법을 동일하게 확대되고 있는 다양한 연구목적에 적용할 수 있다고 인식한다. 따라서 헌장은 특정 목적이나 방법을 규정하지 않고, 오히려 문화유산의 연구와 커뮤니케이션에서 컴퓨터기반 시각화의 기법과 성과의 지적 무결성이 의존하는 광범위한 원칙을 정한다.

또한 헌장은 학술, 교육, 학예, 상업 분야에 걸친 문화유산의 연구와 보급을 다룬다. 따라서 문화유산의 재건과 재현을 볼 수 있는 엔터테인먼트 산업과 연관성을 가지고 있다. 예를 들면 현대예술, 패션과 디자인 등의 분야에서의 컴퓨터기반 시각화 이용을 위한 것은 아니다. 시각화 기법의 이용을 촉진하고자 하는 목표는 분야마다 상당히 다르기 때문에, 각 분야의 실천공동체에 적합하고 세부적인 지침을 만드는 것이 중요하다.

런던헌장의 제정 목적은 컴퓨터 기반 시각화 기법과 성과의 활용을 위한 원칙을 정하는데 있다. 이해 관계자 사이의 넓은 공감대를 동반한 벤치마킹을 제공하고, 디지털유산 시각화의 지적, 기술적 엄격성을 증진시키고, 사용자가 컴퓨터기반 시각화의 과정과 성과를 적절하게 이해 검증하는 것을 보장한다. 또한 컴퓨터기반 시각화가 문화유산 자산의 연구, 해석 및 관리에 신뢰성 있게 기여하고, 접근 및 지속가능 전략이 결정되고, 적용되는 것을 보장한다. 이렇게 함으로써 실천공동체가 상세한 런던헌장 구현지침을 만들 수 있는 탄탄한 기반을 제공한다.

런던헌장에서 제시하는 6대 원칙은, 첫째 구현, 둘째 목적과 방법, 셋째 연구자원, 넷째 문서화, 다섯째 지속가능성, 여섯째 접근으로 구성되어 있다. 가장먼저 '구현'을 위한 원칙에서는 컴퓨터 기반 시각화가 문화유산의 연구와 보급 등 모든 영역에서 적용 가능하고, 각 실천공동체는 목적에 맞게 런던헌장 구현 가이드라인 및 지침을 개발하고, 모니터 해야 한다.

또한 프로젝트를 수행하는 모든 관계자는 관련지침과, 런던헌장의 원칙을 숙지해야 하고, 컴퓨터 기반 시각화를 통해 성과창출 및 구현정책을 실천하기 위한 비용을 고려해서 추진해야 한다.

두 번째 '목적과 방법'에서는 컴퓨터기반 시각화 기법은 목적에 가장 적절한 방법일 경우에만 사용하고, 모든 문화유산 연구 등에 가장 적절한 방법이라고 생각해서는 안 된다. 또한 가장 적합한 방법인지를 확인하기 위해 문서화된 평가가 수행되어야 한다. 아울러 가장 적절한 연구방법 결정 및 새로운 방법 개발결정은 평가에 근거하여 야 한다.

　세 번째 '연구자원' 원칙은 컴퓨터기반 시각화 기법과 성과의 지적 무결성을 보장하기 위하여 특정되어 평가되어야 한다. 연구자원은 성과를 만드는 과정에서 고려되거나, 직접적 영향을 준 디지털 또는 비디지털 형태의 모든 정보로 정의된다. 지역 사회 내에서 현재의 이해와 모범 사례를 참조하여 선택, 분석 및 평가되어야 한다. 또한 가장 중요한 고려사항은 시각적 자원이 역사, 종교 등 다른 요인에 의해 영향을 받을 수 있는 점에 특히 주의해야 한다.

　네 번째 '문서화' 원칙은 컴퓨터기반 시각화의 방법과 결과물이 평가가 가능하도록 문서화되고 보급 되어야 한다. 아울러 문서화 전략은 실천이 강화되고, 시각화 활동이 드러내는 문제의 인지가 가능하도록 설계 되어야 한다. 지적 재산권이나, 특권정보 관리에 도움을 주고, 문화유산 재건이나 복원 등 시각화가 표현하고자 하는 사실의 불확실성 정도와 본질을 명확히 해야 한다.

　컴퓨터 기반 시각화를 추진하는 과정에서 생산된 자료 목록전체가 제공되어야 하고, 이 연구자원을 통해 암시적 지식과, 명시적인 추론이 시각화 결과물과의 관계가 잘 이해될 수 있도록 하여야 한다. 시각화 방법이 관계자에게 이해되지 못하면 표현기법이 제공되어야 한다.

공동의 이해가 부족한 학제적 맥락에서 컴퓨터기반 시각화가 진행되는 경우 암시적 지식을 명확히 하고, 참가자가 이해되는 방식으로 프로젝트 문서화가 수행되어야 한다. 컴퓨터기반 시각화 기법 외에 다른 방법이 사용되지 않았을 경우 사용된 방법론이 평가되어 나중에 참고할 수 있도록 문서화 되어야 한다.

컴퓨터기반 시각화의 성과물은 가설을 바탕으로 추론이 이해되는 방식으로 보급되어야 하며, 문서화는 그림, 문자, 영상 등의 멀티미디어 형태로 보급되어야 하고, 적절한 표준과 관련 색인에 포함하기 쉬운 방법으로 지속적으로 보급 되어야 한다.

다섯 번째 '지속 가능성'의 원칙은 문화유산에 대한 컴퓨터기반 시각화의 성과물과 기록에 대해 장기적 지속 가능성을 보장하기 위한 전략이 계획되고 실시되어야 한다. 컴퓨터기반 시각화 결과물을 보관하기 위해 사용할 수 있는 형태가 아날로그이든 디지털이든, 가장 신뢰할 수 있고 지속 가능한 형태가 확인되고 구현되어야 한다.

디지털보존 전략은 컴퓨터기반 시각화 데이터가 현재 저장된 미디어의 보존보다는, 미래에 데이터를 이용하고, 접근할 수 있도록 하기 위한 정보의 보존을 목표로 삼아야 한다. 또한 디지털 아카이브가 컴퓨터기반 시각화 결과물의 장기보존을 위한 확실한 수단이 아닌 경우에는, 원래 결과의 범위와 속성을 가능한 많이 떠 올릴 수 있도록 하는 2차원 기록이 바람직하며, 일반적인 업무관행에서도 문서화 전략은 지속적으로 유지되어야 한다.

여섯 번째 '접근성의 원칙'은 컴퓨터기반 시각화의 제작 및 보급은 문화유산의 연구와, 이해 및 보존관리에 가장 적합한 방식으로 계획되어야 한다. 시각화의 대상이 없어지거나, 파괴 또는 복원되거나, 재건되었기 때문에 그 이외의 방법으로는 접근할 수 없는, 문화유산에 대해 어떻게 접근성을 개선할 수 있는가 하는 생각이, 컴퓨터기반 시각화의 목적, 방법, 보급 계획에 반영되어야 한다. 컴퓨터 기반 시각화가 문화유산의 이해 관계자에 특별하게 제공하는 접근의 유형과 정도가 반영되어야 한다.

6. 유네스코 보존정책의 핵심내용과 한계

지금까지 유네스코 정책들에 대하여 번역된 내용을 중심으로 유네스코 디지털헤리티지 보존헌장에서부터, 벤쿠버 선언까지 소개하였다.

유네스코 헌장은 '유네스코 디지털헤리티지 보존을 위한 가이드라인' '세계기록유산 보존을 위한 일반지침' 등의 내용 중에서 가장 핵심적인 내용만 모아서 작성되었다. 그러나 '디지털유산 보존에 관한 유네스코 헌장'은 국제적으로 합의된 사항이나, 강제성이 없어, 권고 수준에 불과한 한계를 가지고 있다.

유네스코 디지털헤리티지 보존에 관한 가이드라인은 디지털유산 보존에 관한 유네스코 헌장과 함께 디지털유산 보존의 기본 원칙과도 같은 세부적이고, 실질적인, 디지털유산 보존에 대한 내용들로 구성되어 있다. 이 가이드라인에서는 디지털 유산을 보존하기 위한 방안을 제시하고 있으며, 가장 핵심적인 요소로 꼽고 있는 것은 디지털 유산을 언제, 어디서나, 누구나 자료에 접속할 수 있는, 데이터에 대한 접근성이다. 디지털 자료에 접근할 수 없다면, 보존되었다고 말할 수 없다는 것이다.

또한 디지털 유산은 미래세대를 위해 지속적인 가치를 갖는 컴퓨터 기반 자료들로, 이러한 디지털 유산을 보존하기 위해서는 많은 위해적인 위협들로부터 안전하게 지켜내야만 하는 것이다. 자료들이 받는 위협들은 화재, 홍수, 장치고장, 바이러스, 저장된 데이터나 작동 시스템을 무능력하게 만드는 직접적인 공격 등의 재난에 의해 유실될 수 있다. 이러한 위협들은 암호보호, 부호화, 안전장치, 하드코드화 된 접근 등의 장애물을 통해 극히 제한적인 한계를 넘어 접근하려는 시도를 방지할 수 있다.

이러한 디지털 유산들을 안전하게 지켜주는 것이 디지털 보존 프로그램이다. 이러한 안전한 프로그램으로 제시된 시스템이 2002년 국제 규범 초안으로 공개한 공개 기록보관소 정보시스템 참조모델(OAIS)(Reference Model for an Open Archival Information System)[28]이다. OAIS 참조 모델은 오래 지속되는 가치를 지닌 디지털 자료들을 관리하는 개념적인 모델과 이를 논의하기 위한 어휘를 규정한 가장 성공적인 모델로, 실제 실행을 설계하고, 사용하고, 평가하는 사람들에게 기준으로 사용될 수 있는 높은 수준의 개념적인 뼈대이다. 이 모델의 가치는 높은 개념적인 수준에서 어떤 것이 필요한지를 설명하는 데 있다.

이 가이드라인에서는 디지털유산 자료들이 작용하는 환경에서 안전한 장소나, 물리적, 논리적 단계에서 위협을 주는 영향들로부터 보호될 수 있어야 한다. 또한 접근성을 관리할 수 있는 기록보관소로 옮겨져야 한다고 주장한다. 디지털 자료들이 더 자주 사용될수록 생존 확률이 높다고 주장하는 반론도 있다. 그리고 수요가 있는 자료는 사용되지 않는 자료보다 더 생존할 확률이 높다. 그러나 비록 사용 빈도는 적지 만 반드시 보존되어야 하는 디지털유산 자료를 논할 땐 설득력이 떨어진다. 자료가 자주 사용되든 않든, 생존을 위해서라면 업무 환경 내에 안전한 장소를 만들더라도, 안전하게 보관되고 관리되어야 할 복사본이 반드시 필요하다.

결국 관리적 측면에서 이 가이드라인이 주는 시사점

---

28) ISO가 국제표준(14721,2002)으로 제정한 「디지털 보존관리시스템」 OAIS (Reference Model for an Open Archival Information System) 2002년

은, 디지털유산 보존을 위해서는 접근성을 지속적으로 유지하는 것이 가장 중요하며, 디지털 유산의 생존 확률을 높이기 위해서는 첫째 국제규범의 공개 기록보관시스템을 사용하여야 하고, 둘째 디지털 유산 자료의 사용빈도와 관계없이, 안전하게 보관되고 관리가 필요한 복사본이 제작되어야 한다.

그리고 세 번째는 디지털 자료를 책임 있게 맡아서 보존관리 해줄 수 있는 국립기록보관소 등의 유산단체 지정이 반드시 필요하다는 것이다.

네 번째는 표준화 문제이다. 디지털유산 보존을 위한 프로그램 표준화가 필요하고, 기록되는 이미지 등 파일포맷의 표준화가 요구된다는 것이다. 이러한 표준들이 규약으로 합의가 되고, 디지털유산 보존관리 전반에 반영된다면, 보존 관리문제는 훨씬 효율화 되는 것은 물론 비용 및 활용적인 측면에서 획기적인 성과가 나올 수 있다.

마지막으로 중요한 문제는 디지털유산 보존관리에 관여하고 있는 담당자 상호간의 협력문제이다. 결국 디지털유산을 보존하고 관리하고 접근성을 지속적으로 유지하는 것은 사람이기 때문에, 관련 담당자간의 긴밀한 협력과 파트너십이 이루어진다면, 디지털유산 보존관리의 문제들은 우리가 생각하는 것보다 훨씬 수월하게 달성되고 괄목할 만한 성장을 하게 될 것으로 확신한다. 그러나 이러한 보존관리 절차들을 이행하기 위해서는 많은 비용과 시간,

숙련된 관리자 등이 필요하게 되기 때문에 결코 쉬운 일은 아니다.

기술적인 면에서는 디지털 자료의 접근성을 유지하는 것은 데이터 보존의 핵심적인 내용이다. 이러한 핵심의 가장 중요한 요소는, 소프트웨어와 하드웨어의 변화이다. 이것은 대부분의 보존 프로그램들에 있어 핵심적인 사항이다. 프로그램 관리자들은 반드시 디지털 자료들과 그것들의 접근 수단 사이의 관계를 이해하고, 사용자들에게 접근을 제공할 때 무엇이 제시되어야 하는지를 고려하며, 필요할 때 언제든지 접근을 보장할 수 있는 전략들을 결정해야 한다.

디지털 자료들은 정보기술의 특정 결합들에 의존하기 때문에, 나중에 그것들을 다시 조회할 수 있는 능력은 일반적으로 기술들이 변화함에 따라 붕괴되거나 손실된다. 기술적 변화의 속도는 현재 이용 가능한 많은 디지털 자료들에 있어 손실의 새 지평을 연다. 10년 전에는 혼했던 기술들로 만들어진 몇몇 자료들은 이미 현재의 기술들로 이용 가능할 수 있게 하기엔 어렵다.

디지털 자료를 보존하기 위한 기술적, 실질적인 가이드라인이 주는 시사점은 우선 디지털 자료를 어떤 기술적인 방법으로 보존하면 잘 보존할 수 있는가 하는 문제와, 이렇게 하기 위해서는 실질적으로 무슨 일을 어떻게 해야 하는가 하는 문제가 대두된다. 디지털 자료를 보존하기 위해서는 먼저 무엇을 보존할 것인가부터 결정하는 일이 우선적이고, 보존대상 선정기준을 정확하게 마련하는 것이 필요하다. 또한 메타데이터를 활용하여 관리하는 것이 매우 효율적인 방법으로 제시되고 있다.

이렇게 선정된 자료들을 잘 보존하기 위해서는 안전한 장소로 이동하여 보존하는 것이 필요하다. 그리고 이동된 디지털 자료는 복사본을 만들어서 보관하는 것이 요구된다. 이렇게 하기 위해서는 디지털 자료의 권리문제 해결이 반드시 요구되는 선결과제이다.

또한 디지털자료의 보존관리시스템에 안전한 보관과 이동, 디지털자료의 관리문제에 있어서 데이터 무결성에 대한 유지가 중요한 기술적인 요소로 등장한다. 데이터 무결성 문제는 최초로 만들어진 데이터와 복사되거나 이동된 데이터간의 데이터의 내용상 차이가 나타나는 현상을 말한다. 이러한 무결성을 유지하기 위해서는 데이터베이스 관리에 있어서 업데이트 관리가 잘 유지되도록 기술적인 조치가 필요하다.

그러나 디지털 자료가 손실되는 것은 결국 기술적인 부분에 크게 좌우된다. 데이터는 영원할 수 있지만 그것을 보존하고, 관리, 활용하는 것은 하드웨어와 소프트웨어 기술이기 때문에 기술적인 문제에 크게 종속될 수 밖에 없다.

따라서 하드웨어와 소프트웨어 기술은 늘 변화하고 발

전하고 있으며, 새로운 기술들이 짧은 기간 동안에 새롭게 나타나고 사라지기를 반복하기 때문에 디지털유산 자료를 안정적으로 보존 관리하기 위해서는 신기술 보다는 안정화된 기술을 선택하는 것이 필요하다. 정보기술 또한 일정한 시간이 지나면, 사라지게 되어 있기 때문에 주기적인 보관 장소의 변화가 필요하다, 즉 일정한 주기로 새로운 기술의 보관 장소로의 데이터 이전이 반드시 필요한 것이다. 결국 지속적인 예산 투자를 통해 관리하지 않으면, 아무리 중요한 자료라도, 사장되고 만다는 사실을 시사해 주고 있다.

가장 최근에(2012.9월) 작성된 유네스코 벤쿠버 선언은 현재 디지털 정보가 소실되는 이유로 그 정보의 가치가 과소평가되거나, 법제도적 기반이 없는 경우, 기관의 지식, 기술, 자금 부족으로 인해서 정보가 사라지고 있는 것으로 판단하고, 이러한 문제들을 깊이 있게 논의하고 대책을 모색하기 위한 회의였다.

디지털 환경에서의 기록, 문서 및 데이터와 관련하여 다음과 같은 두 가지 주요한 측면에 영향을 끼치는 요소들에 대해 논의했다. 첫 번째 아날로그 자료의 디지털화와 관련한 문제, 두 번째 신뢰할 수 있고 정확한 진본 디지털 자료의 지속성, 접근성, 보존과 관련된 문제들을 가지고 집중적으로 논의 하였다.

유네스코가 아닌 전문가 그룹에 의해 작성된 '런던헌

장'은 문화유산의 컴퓨터 기반 시각화를 위하여 라는 주제를 가지고 2009년에 작성된 헌장이다. IT기술이 급속도로 발전하면서 문화유산의 연구와 커뮤니케이션 및 보전 등에서 많이 활용되고 있지만, 디지털 유산의 시각화가 장기적으로 지식적인 면에서나 기술적으로 신뢰성을 보장 받기 위한 원칙들이 필요한데, 이러한 원칙들을 정하기 위하여 제정하게 되었다.

이와 같이 유네스코 정책들과 런던헌장은 지금까지 작성되거나 제정된 정책들 중에서 디지털유산 보존을 위한 바이블 같은 자료들이다. 그러나 유네스코 헌장이나 가이드라인은 2003년에 제정되어 정의나 선언적인 부분을 제외하고는 그동안 사회적, 기술적 환경이 너무 많이 변화되어, 현실과 잘 맞지 않는 부분이 많이 포함되어 있다. 그럼에도 불구하고, 2012년 제정된 벤쿠버 선언과 맞닿아 있는 내용들이 다수를 차지하여 아직도 적용해야 할 내용들이 대부분이다.

다만 유네스코 가이드라인은 너무 세부적으로 작성되어 버려야 할 부분이 많이 있으나, 현재까지 수정 보완되지 못하는 이유는 많은 전문가가 참여하여 작성된 내용이라, 가이드라인 갱신이 용이하지 않기 때문일 것이다.

런던헌장을 제외한 3개의 유네스코에서 발표된 정책들은 일정한 맥락으로 작성되어, 시간이 많이 흘렀음에도 내용상 같은 흐름을 유지하고 있다. 유네스코 헌장 등 유네스코 정책들은 각 회원국들이 해야 할 내용들은 친절히 제시해 주고 있으나, 권고하는 수준으로 끝나기 때문에 제정된 내용들을 반드시 준수하게 하는 강제성이 부여되지 못해 커다란 한계점을 갖고 있다.

다음 <표 3-2>는 유네스코 디지털 유산 보존정책 주요 핵심이 되는 내용들을 정리하여 유네스코의 어떤 정책에서 명시하고 있는지를 분석해 본 내용이다.

<표 3-2> 디지털유산 보존정책 주요핵심내용

대분류	소분류	핵심내용	관련조항
정의	디지털 유산의 범위	○ 디지털 방식으로 생성되거나, 아날로그에서 디지털형태로 변환된 문화, 교육, 과학, 행정 분야의 자원과 기술적, 법적, 의학적 정보 및 기타 유형의 정보가 포함됨	○ 유네스코 헌장(1조) ○ 가이드라인
소실 대비	접근성 유지	○ 디지털 유산 보존 목적은 공중의 접근 보장임 ○ 디지털 자료들은 접근성을 상실하면 보존 되었다고 말할 수 없다. ○ 많은 자료가 처음부터 디지털로 생산되고 있으나, 그것의 영구적인 접근성 및 시간과 기술 변화를 견딜 수 있는 정확하고 공신력 있는 보존수단은 고려되지 않고 있다. * **벤쿠버선언**: (합의사항: 3,5항, 사무국:g,i, 회원국: c항, 민간기관 : a항) ○ 안전, 손상, 경제, 정치, 또는 환경적 이유 때문에 혹은 시각화의 대상이 없어지거나 위기에 처하거나 분산되거나 혹은 파괴되거나 복원되거나 재건되었기 때문에 그 이외의 방법으로는 접근할 수 없는 문화유산에 대해 어떻게 접	○ 유네스코 헌장(2조) ○ 가이드 라인 ○ 벤쿠버 선언 ○ 런던헌장

		근성을 개선할 수 있는가 하는 생각이 컴퓨터 기반 시각화의 목적, 방법, 보급계획에 반영되어야 한다.(**런던헌장 6.1**)		
	상실위협	○ 디지털유산을 생성한 하드웨어와 소프트웨어의 급속한 노화, 유지 보존에 필요한 자원과 책임, 보존 방법의 불확실성, 지원 법령의 부재 등이 요인임	○ 유네스코 헌장(3조) ○ 가이드라인 ○ 벤쿠버선언	
	디지털 지속성	○ 디지털 유산의 지속성이 근본적인 문제임, 장기 보존 및 진본성 유지를 위해 안정적인 디지털 유산 생산시스템과 절차 설계가 장기보존의 시작임 ○ 컴퓨터 기반 시각화 결과물을 보관하기 위해 사용할 수 있는 형태가 아날로그이든 디지털이든, 가장 신뢰할 수 있고 지속 가능한 형태가 확인되고 구현되어야 한다.(**런던헌장 5.1**)	○ 유네스코 헌장(5조) ○ 가이드라인 ○ 벤쿠버선언 ○ 런던헌장	
	진본성 유지	○ 진본성을 유지하면서 안정적인 디지털 객체를 생산할 수 있는 믿을 만한 시스템과 절차를 설계하는 데서 디지털 유산의 장기보존이 시작된다. ○ 디지털 유산을 조작하거나 의도적으로 변조하는 것을 방지하는데 진본성 확보를 위해 법적 기술적 구조 틀이 필수적이다. ○ 회원들이 디지털 정보의 신뢰성, 진본성, 저작권, 미래의 이용을 고려하고, 디지털 자료의 관리 및 보존과 관련된 모든 측면을 포괄하는 정책을 개발하도록 독려한다.	○ 유네스코 헌장(5조,8조) ○ 벤쿠버선언 (전문기관c)	
	전략과 정책개발	○ 긴급성의 정도 국가적 상황, 동원할 수 있는 수단, 미래예측 등을 감안, 디지털 유산 보존을 위하여 전략과 정책개발이 필요함 ○ 회원들이 디지털 정보의 신뢰성, 진본성, 저작권, 미래의 이용을 고려하고, 디지털 자료의 관리 및 보존과 관련된 모든 측면을 포괄하는 정	○ 유네스코 헌장(6조) ○ 가이드라인 (7.6장) ○ 벤쿠버선언	

		책을 개발하도록 독려한다.(**벤쿠버선언, 전문기관: c항**)	
조치 사항	보존 대상 결정	○ 보존대상 선정원칙은 나라마다 다를 수 있다. 그러나 그 자료의 중요성, 문화, 과학, 증거 또는 다른 지속적 가치가 어떤 디지털자료를 보존할 지를 결정하기 위한 주요기준임 ○ 어떤 디지털 자료가 보존을 위해 선택되어야 하고, 보존할 가치가 있는지 결정하는 일은 반드시 필요하다. 대다수의 같은 접근들은 디지털유산 결정에 필수적이다.(**가이드라인 12장**)	○유네스코 헌장(7조) ○가이드라인 (12장)
	법제화	○ 회원국은 디지털 유산 보호를 위해 적절한 법제체계를 갖춰야 한다. 국가 및 보존기록관, 도서관, 박물관, 공공 보존소 등의 자발적 납본관련 법에서는 디지털 유산 문제를 주요 요소로 다루어야 함. ○ 입법기관 및 보존문서관, 박물관, 기타 유관 기관들 간의 협력을 증진하여, 디지털 문화유산의 보존 및 이에 대한 접근성을 지원하는 법적 틀을 개발한다.(**벤쿠버선언, 회원국 c**)	○유네스코 헌장(8조) ○ 가이드라인 (15.11장) ○벤쿠버 선언
	지속적인 투자	○ 궁극적으로, 보존 프로그램들은 자료의 동일성과 데이터 무결성이 필수적인 책임이라는 점을 유념하면서, 그들이 관리하는 자료의 신뢰성을 견고히 하는 데 얼마나 투자할지를 결정해야 한다. ○ 디지털 보존은 개발 우선과제가 되어야 하며, 보존된 디지털 기록의 신뢰성과 그러한 기록의 장기적인 접근성 및 이용성을 보장하기 위해서는 인프라에 대한 투자가 반드시 필요하다. ○ 민간 기관들이 신뢰성 있는 디지털 인프라와 디지털 보존에 투자하도록 독려한다.	○가이드라인(16.7) ○ 벤쿠버선언(합의5항, 회원국 f)
	접근성 허용	○ 디지털 유산은 시간, 장소, 문화, 형식에 제한을 받지 않는 것이 근원적 속성임, 소수자가 주류에게, 개인이 전 세계를 대상으로 소통이 가능함 지속적으로 전 세계 청중들에게 디지털유산	○유네스코 헌장(9조) ○벤쿠버 선언

		을 보존하고 접근할 수 있도록 해야 함 ㅇ 세계인권선언 19조에 규정된 바와 같이, 모든 사람은 국경에 상관없이 모든 매체를 이용해 정보를 구하고, 받고, 전달할 권리를 가진다 (19조). 사람들은 디지털 정보를 이용할 때도 이 권리를 행사한다. (벤쿠버 선언 1항)		
	기술적 인 조치	ㅇ 보존 프로그램들은 프로그램을 우선순위와 상황에 맞게 맞추고 적절한 시기에 적절한 결정을 내리는 등의 포괄적인 관리기술들에 의존하는 탁월한 관리를 필요로 한다. 디지털 보존 프로그램은 변화하는 성질, 다양한 이해당사자들, 그리고 현재 결정의 장기적 영향력과 관련된 일부 특정 관리 문제들을 내포한다. ㅇ 디지털 자료의 물질적 이동을 실행하는 표준적 방법은 존재하지 않는다. 데이터는 다양한 형태의 디스켓, CD, 테이프, 카트리지, 디스크 드라이브 등 넓은 범위의 물질적 운반 장치에 의해 이동될 수 있다, 혹은 이메일 첨부, 파일 전송 프로토콜 등의 수단을 사용하는 통신 네트워크나 웹사이트에서 다운로드를 통하는 등 이동 미디어의 선택은 관계자의 필요에 의존한다. ㅇ 자연재해나 무력분쟁으로 소실 위험에 처해 있는 문서 자료의 보존을 위한 비상 프로그램과 하드웨어 및 소프트웨어의 단종으로 인해 접근성이 떨어질 위험이 있거나 이미 단절된 아날로그 및 디지털 유산의 복구를 위한 프로그램을 마련한다. ㅇ 민간분야와 협력하여 디지털 형태로 기록된 정보의 장기 보유 및 보존을 증진하는 제품이 개발되도록 한다.	ㅇ가이드 라인(10장, 14.13장) ㅇ 벤쿠버선언(사무국 g, 전문기관 d)	
	역할과 책임	ㅇ 디지털 유산 보존 책무를 조정하기 위해 하나 이상의 기구를 지정하고, 필요 자원을 마련함, 수행중인 역할과 보유 기술에 따라 과업과 책무를 분담할 수 있음, 교육 연구 프로그램을 개	ㅇ유네스코 헌장(10조) ㅇ가이드 라인(제9장)	

		발 및 경험을 공유함, 공립·민간·대학 및 기타 연구기관이 연구데이터를 보존하도록 격려한다. ○ 디지털 보존은 단체와 개인들이 그 책임을 수용할 때만 일어난다. (가이드라인 제9장)	
책임 사항	표준정 립	○ 협력, 인식제고 및 역량증대를 진작하고, 표준화된 윤리, 법제 및 기술적 가이드라인을 개발하고, 앞으로 6년 동안 헌장과 가이드라인을 실행하면서 필요한 표준 정립 도구를 파악함. 이라고 선언함. ○ 문서화는 그림, 문자, 영상, 소리, 수치 또는 그 조합 등 사용 가능한 최적의 미디어를 사용하여 보급되어야 한다. 문서화는 관련 실무 커뮤니티의 모범사례에 따라 적절한 표준과 온톨로지를 참조하면서 관련 인용색인에 포함하기 쉬운 방법으로 지속적으로 보급되어야 한다.(**런던헌장, 문서화의 포맷과 표준** 4.11, 4.12) ○ 디지털 포맷 레지스트리의 확립 등 디지털화 및 디지털 보존 관행의 표준화 문제를 논의하는 다자간 포럼을 마련한다. 국제표준 관련기구와의 협력을 증진하여, 디지털 보존에 관한 여러 참고 자원 간의 무결성을 높이고, 유네스코가 천명한 원칙에 따른 개발을 지원한다. (**벤쿠버 선언, 사무국역할 d, k**) ○ 정보 전문가와의 협력 하에 디지털 자원의 기술(記述) 및 관리 목적으로 설계된 공인 메타데이터 표준을 준수하여 진본으로 추정되고 신뢰성과 정확성이 보장될 수 있는 자원의 상호운용을 보장한다. 디지털 형태로 생성된 정보가 장기간 보존되는 국내외의 표준 관련 논의나 다자간 논의, 협력 프로그램에 참여할 때 디지털 보존 문제를 고려한다. (**벤쿠버 선언, 민간기관역할 b, c**)	○유네스코 헌장(12조) ○ 가이드라인(11,12장) ○런던헌장 ○ 벤쿠버 선언
		○ 디지털 자료의 H/W와 S/W개발자, 발행자와	○유네스코

| 협력
체계
유지 | 협력 | 운영자, 배포자 등 민간에 대해, 국립도서관, 기록보존소, 박물관, 기타 공공기관과 협력을 촉구함, 현재의 디지털 격차 상황에서는 모든 나라가 자국의 디지털 유산을 생산, 배포, 보존하고 지속적으로 접근 가능하도록 국제협력과 연대 필요, 기업체, 출판사 및 대중매체가 전문기술을 공유하도록 촉진을 촉구함
ㅇ 국제적인 전문협회 및 기타 국제기구들과 협력하여, 디지털화 및 디지털 보존을 위한 학술적 커리큘럼을 개발하고, 기록보존관, 도서관 및 박물관 전문가들의 디지털 정보 관리 및 보존 역량을 증진할 수 있는 훈련 프로그램과 범세계적인 교육을 실시한다.(베쿠버 선언, 사무국 역할 c)
ㅇ 보존 프로그램이 협력을 추구해야 할 기술적, 경제적, 정치적인 이유들이 존재한다. 협력에 관한 결정은 기대되는 이익과 수반되는 비용의 평가에 기초해야 한다. 파트너를 어디서 구할지, 무엇이 관계의 중점이 되어야 할지, 어떤 구조적인 토대가 적합할지에 대한 많은 가능성이 존재한다. 성공적인 협력은 이러한 선택들에 신중한 주의를 기울이고 실제 협력에 필요한 노력을 쏟을 때 이루어진다. (가이드라인 11장) | 헌장(10조,11조)
ㅇ가이드라인(11장)
ㅇ벤쿠버 선언 | |

* 유네스코헌장: 디지털유산 보존에 관한 유네스코헌장:

* 가이드라인: 유네스코 디지털유산 보존을 위한 가이드라인

* 벤쿠버선언 : 유네스코 UBC/ 벤쿠버 선언

7. 국내 문화기관에서는 어떻게 하고 있는지?

가. 국립중앙도서관

국립중앙도서관은 1945년 10월 15일 개관하여, 천 만 권 이상의 책을 소장하고 있는 우리나라 대표도서관이다. 국가의 지적문화유산을 총체적, 체계적으로 수집, 보존하여 이를 후세에 전승시키는 문화전달자로의 책무를 수행하고 있는 우리나라 문헌정보의 총보고이다.

도서관 구성은 현재 본관과 학위 논문관이 있고 2008년 국립디지털도서관을 개관하였다. 디지털유산 관련 핵심조직인 디지털자료운영부를 두고 있다. 또한 국내외 온라인자료 공유, 협력·지원, 디지털도서관 국내외 협력 및 국제기구 업무, 국가전자도서관 및 디지털 콘텐츠 서비스 기획·운영, 도서관 정보화를 위한 표준화 및 기술보급 등의 업무를 하고 있다.

국립중앙도서관 조직은 3부 3관 1센터 18과 1팀(2017년 현재) 으로 구성되어 있다. 2016년 10월 급변하는 도서관 환경변화에 대응해 조직을 개편하였는데, 그 골자는 첫째, 연속간행물과를 해체하여 수집기능은 자료수집과에 자료운영은 자료운영과에, 국가서지과에서는 국제표준연속간행물번호제도(ISSN), 국제표준도서번호(ISBN), 국제표준 명칭식별자(ISNI)를 통합적으로 관리하도록 한 것이다.

이는 온라인으로 유통되는 자료의 급속한 증가에 대응하기 위한 조직 체계로 개편한 것이다.

둘째, 기존의 도서관연구소를 자료보존연구센터로 개편함과 동시에 자료관리부에 고문헌과를 신설하였다. 자료보존연구센터는 근대 이후 출판된 자료의 산성화 등 훼손문제와 최근 디지털자료의 보존문제가 대두되고 있음을 감안, 국가적 차원에서 대책 마련을 담당하게 된다. 고문헌과는 동의보감 등 국보와 보물을 포함해 28만 여 책에 달하는 국립중앙도서관의 소장 고문헌을 관리하며 전국에 산재한 고서 및 고문서와 해외에 유출된 고문헌 등 국내외 440만 여 점의 고서, 고문서에 대한 관리·보존·이용을 지원하고 조정하는 총괄부서의 역할을 하게 된다.

이러한 조직개편은 최근 국립중앙도서관의 수집에 있어서 온라인자료의 수집 확대와 더불어 근대문학자료 등 문화유산기록으로의 가치가 있는 자료들에 대한 수집과 관리에 방점을 두고 더불어 그 보존에 관한 시설확충과 연구를 활발히 진행하여 국가대표도서관이자 라키비움으로의 역할을 선도적으로 주도해 나가겠다는 의지로 풀이된다.29)

---

29) 안진영, 「국립중앙도서관의 라키비움 정향성: 아카이브로서 개인문고 활성화를 중심으로」, 한국외국어대학교 석사논문, 2017.2

1) 디지털헤리티지 관련 제도화 현황

국립중앙도서관의 디지털유산 보존과 관련된 제도화 내용은 주로 문화체육관광부 도서관법(법률 제15167호) 및 동법 시행령, 그리고 자체규정에 기술되어 있다.

도서관법 제19조에서는 국내외 도서관자료의 수집·제공·보존관리에 대한 조항(제1항2호)과 정보화를 통한 국가문헌정보체계 구축 조항(제4호)이다. 제19조에서는 업무수행을 위하여 국립중앙도서관에 자료보존연구센터를 두는(제1항제7호)내용이다. 디지털유산 보존을 위해 국립중앙도서관내에 데이터보존 연구센터를 두는 것을 법에 명시하고 있다.

또한 같은 법 제20조는 도서관자료의 납본에 관한 사항으로 누구든지 도서관자료를 발행 또는 제작한 경우 그 발행일 또는 제작일 부터 30일 이내에 그 도서관자료를 국립중앙도서관에 납본하여야 한다. 온라인 자료는 국제표준자료번호를 부여받은 자료를 대상으로 하고 있다. 제2항에서는 국가, 지방자치단체 및 그 밖에 대통령령으로 정하는 공공기관이 도서관자료를 국립중앙도서관에 납본하는 경우에는 디지털 파일 형태로도 납본하여야 한다.

또한 같은 법 제20조 제3항에서는 필요한 경우 도서관자료를 발행 또는 제작한 자에게 디지털 파일형태로도 납본하도록 요청할 수 있다. 이 경우 요청을 받은 자는 특별한 사유가 없으면 요청받은 날부터 30일 이내에 국립중앙도서관에 납본하여야 한다. 라고 하여 사실상 디지털 및 온라인 자료를 납본하도록 하고 있다. 또한 납본한 자료가 판매용인 경우 정당한 보상을 하여야 한다. 고 명시하여 도서자료 및 온라인 디지털 자료의 보상 근거를 명시하고 있다.[30]

법에 명시된 핵심적인 내용은 온라인 자료의 수집에 관한 조항이다. 국립중앙도서관은 대한민국에서 서비스되는 온라인 자료 중에서 보존가치가 높은 온라인 자료를 선정하여 수집·보존하여야 한다.(법 제20조의2,제1항) 국립중앙도서관은 온라인 자료가 기술적 보호조치 등에 의하여 수집이 제한되는 경우 해당 온라인 자료 제공자에게 협조를 요청할 수 있다. 요청을 받은 온라인 자료 제공자는 특별한 사유가 없는 한 이에 응하여야 한다.(제2항)

국립중앙도서관은 제1항에 따라 수집하는 온라인 자료의 전부 또는 일부가 판매용인 경우에는 그 온라인 자료에 대하여 정당한 보상을 하여야 한다.(제5항)고 명시하여 디지털화된 보존대상 자료의 수집근거를 명확하게 제시하고 있다. 이 조항에 의해서 국립중앙도서관의 도서자료 납본의무와 같이 디지털 자료에 대한 강제 수집하고 보상할 수 있는 근거를 명시하고 있는 핵심조항이라고 할 수

---

30) 문화체육관광부 도서관법 (법률 제15167호, 2017.12.12., 일부개정) 2018.3.13일 시행

있다.

아울러 온라인 자료 표준에 대한 내용도 명시하고 있다. 온라인으로 발행 또는 제작되는 도서 및 연속간행물을 발행 또는 제작하고자 하는 공공기관, 개인 및 단체는 그 도서 또는 연속간행물에 대하여 국립중앙도서관으로부터 국제표준자료번호를 부여받도록 하고 있다.(법21조1항)

도서관법 시행령에서는 국립중앙도서관에 납본(納本)하는 도서관자료에 대한 납본 대상을 세부적으로 명시하고 있으며(시행령 제13조제1항), 그 대상 중 디지털유산 관련 자료는, 마이크로형태의 자료 및 전자 자료와 「출판문화산업 진흥법」에 따른 전자출판물 중 콤팩트디스크, 디지털비디오디스크 등 유형물(시행령 제2조제4호)출판환경의 변화에 따라 새로운 형태로 발간되는 기록물로서 문화체육관광부장관이 인정하는 도서관자료(제8호)로 하고 있다.

또한 온라인 자료의 납본과 디지털파일 형태의 납본은 다음 각 호의 어느 하나에 해당하는 방법으로 한다.(제2항)

1. 해당 자료와 서지(書誌) 정보의 디지털 파일을 국립중앙도서관 전송시스템으로 전송

2. 해당 자료와 서지 정보의 디지털 파일을 저장매체에 저장하여 국립중앙도서관으로 송부

3. 국립중앙도서관에 해당 자료와 서지 정보의 인터넷상 위치를 통지하고, 국립중앙도서관이 이에 접근하여 수집할 수 있도록 조치, 한다고 명시하고 같은

법 시행령 제13조 제4항에서는 법 제20조제3항 전단에 따라 국립중앙도서관에 디지털 파일형태로도 납본하도록 요청할 수 있는 도서관자료는 제1항 각 호의 도서관자료 중에서 장애인을 위한 특수 자료로 변환 및 제작이 가능한 자료로 한다.

국립중앙도서관이 수집하는 온라인 자료는 전자적 형태로 작성된 웹사이트, 웹자료 등으로서 국립중앙도서관장이 도서관자료심의위원회의 심의를 거쳐 선정하여 고시하는 자료로 한다.(시행령 제13조의 2)

국립중앙도서관장은 수집하는 온라인 자료의 전부 또는 일부가 판매용인 경우에는 그 온라인 자료를 제공한 자에게 도서관자료 수집증명서를 발급하여야 한다.(시행령 제13조의2 제2항)라고 세부 시행절차와 방법을 명확하게 규정하고 있다.

자체 규정 '수집대상 온라인 자료의 종류, 형태에 관한 고시'에서는 수집대상 온라인 자료의 종류로, 웹사이트, 웹자료, 문자자료(전자책, 전자저널, 학위논문, 보고서, 전자신문 등), 음아, 음성·음향자료, 영상자료(방송, 영화, 공연, 이러닝 자료 등), 이미지자료(사진, 회화 등) 등으로 명시하고 있다.

또한 수집대상 온라인 자료의 형태는 ISO(국제표준화기구), KS(한국산업규격) 및 국내외 표준 기구를 통해 공표된 표준규격에 해당하는 모든 파일 형태, 그 밖에 현재 각종 프로그램에서 활용되고 있는 파일 형태, 그 밖에 정보기술 환경변화에 따라 새롭게 출현하는 파일 형태로 규정하고 있다.

'디지털 파일형태에 관한 고시'에서는 납본대상이 되는 디지털 파일형태는 "컴퓨터를 이용하여 점자, 녹음, 큰활자 등으로 용이하게 변환할 수 있는 .txt, .doc, .hwp 등의 파일"로 정하고 있다.

'출판사 위탁 디지털자료의 보존 및 관리에 관한 규정'에서는, 위탁 신청한 자료가 국가지식정보자원의 보존과 후대 전승에 필요하다고 판단되는 경우 수탁보존을 결정할 수 있다.

디지털자료 위탁 협약을 체결한 출판사의 디지털자료가 안전하게 보존될 수 있도록 다음 각 호의 기술적 보호조치를 취한다. 1. 디지털자료 : 외부와 네트워크가 차단된 별도 서버 및 스토리지에 적재, 2. 파일수록 매체(CD, DVD, 외장HDD 등) : 시건 장치된 독립된 공간에 보관, 3. 인적보안 : 파일 접근권한 통제, 작업가능 PC 지정, 접속기록 관리 등의 보호조치를 실시하여야 한다. 또한 수탁보존 자료의 활용 및 제공시에는 해당 출판사의 사전 동의가 있어야만, 제3자에게 제공할 수 있도록 저작권 문제를 명시하고 있다.

2) 디지털DB 현황

국립중앙도서관이 구축한 DB는 총 5가지로, 주요자료 원문정보DB, 국가자료 목차정보DB, 색인 및 초록정보DB, 국가자료 종합목록DB, 장애인을 위한 종합목록 및 원문 DB 등이 구축되어 있다. 장애인 DB자료를 제외하고 총 28,152,720건(('17.12.31.현재)의 방대한 자료의 데이터베이스가 제공되고 있다.

첫 번째, 원문정보DB는 국립중앙도서관이 국가대표도서관으로서 보존하고 있는 학술적·정보적 가치가 있는 자료 약895,620건을 원문DB화하여 국립중앙도서관(www.nl.go.kr) 및 국가전자도서관(www.dlibrary.go.kr) 홈페이지를 통하여 서비스 하고 있다.

두 번째, 국립중앙도서관이 소장하고 있는 자료에 대해, 이용자가 쉽게 이용할 수 있도록 단행본, 연속간행물 등 전 장서를 대상으로, 현재까지 약 170만여 책의 목차를 구축하여 홈페이지를 통하여 서비스 하고 있다.

세 번째, 기사색인 및 초록정보DB는 국립중앙도서관이 소장한 연속간행물 중 학술적 가치가 높은 자료 약 94만건을 구축하여 서비스함으로써 학술정보의 이용을 용이하게 하고 있다.

네 번째, 국가자료종합목록DB는 우리나라 공공도서관 및 행정부처 자료실이 소장한 자료의 목록을 통합 데이터베이스로 구축하여 이용자들이 전국공공도서관 및 행정부처의 자료를 보다 쉽게 파악할 수 있도록 하고 있다. 2017년 말 현재 대다수의 공공도서관이 참여하고 있으며, 2,461만의 소장DB를 서비스(www.nl.go.kr/kolisnet)하고 있다.

마지막으로, 장애인을 위하여 2012년9월24일 국립장애인도서관을 개관하여 서비스를 제공하고 있다. 장애인도서관에서는 이동이 어려운 시각장애인들이 편리하게 자료를 이용할 수 있도록, 전자점자도서 5,997건('16년말 현재)의 책을 전자화하여 제공하고 있다. 대체자료는 점자도서, 전자점자악보, 수화영상도서 등 24,756건을 DB로 구축하여 장애인도서관 홈페이지에서 서비스하고 있다.

국립중앙도서관은 도서관 소장 자료의 대국민서비스 제공 및 DB구축자료의 효율적인 관리를 위하여 다양한 도서관 정보시스템을 구축하였는데, 통합정보시스템(KO-LIS), 국가자료공동목록시스템(KOLIS-NET), 온라인디지털자원 수집·보존(OASIS), RFID 적용 경영정보시스템(MIS), 국가전자도서관(www.dlibrary.go.kr), 공공도서관 표준자료관리시스템(KOLASⅡ) 등 6가지가 있다.

먼저 국립중앙도서관은 소장하고 있는 모든 자료를 컴퓨터로 통합 관리하고 서비스할 수 있는 통합정보시스템(KOLIS: Korea Library Information System)을 1999년부터 운영하고 있다. 2003년 수립된 유니코드체계 구축 정보화전략계획(ISP)을 기반으로, 관내 시스템을 단계적으로 유니코드체계로 전환함으로써 기존 KSC5601 체계에서 표현하지 못했던 한자의 복원 및 다국어의 정확한 표현을 가능케 하여, 외국과의 서지정보 교류 및 공동 활용에 대처할 수 있는 토대를 마련하였다.

두 번째, 국가자료공동목록시스템(KOLIS-NET)은 국립중앙도서관을 중심으로 전국도서관이 온라인으로 국가자료종합목록DB를 공동구축하여 활용하는 시스템으로서, 모든 자료 관리를 통합 운영할 수 있는 체제를 갖추고 있다. 대용량의 자료를 관리자와 이용자가 편리하고 정확하게 운영관리하고 서비스할 수 있게 개발되어 2001년 6월부터 홈페이지를 통해 서비스를 개시한 시스템이다.

이용자는 KOLIS-NET 홈페이지 (www.nl.go.kr/kolisnet)에서 전국도서관에서 소장하고 있는 모든 정보를 검색할 수 있으며 도서관들은 목록 데이터를 내려 받고 업-로드함 으로써 도서관자료의 효율적인 통합관리 및 국가자료목록정보 공유체제가 보다 확고하게 기반 조성이 되어 가고 있다.

세 번째로 온라인디지털자원 수집·보존(OASIS)은 정보통신 환경의 급속한 발달로 많은 지적 창작물이 디지털 형태로 생산되어 인터넷상으로 공개하고 있다. 그러한 디지털 자원들은 짧은 기간 동안 공개되었다가 사라지고 있는 배경에 근거하여 도입된 시스템이다. 국가지식자원의 수집과 보존 책임기관인 국립중앙도서관은 국가대표도서관으로서 가치 있는 인터넷 자료를 국가적인 차원에서 수집·축적하여, 미래 세대에 연구 자료로 제공하는데 그 목적을 두고 온라인 디지털자원 수집·보존 사업인 OASIS(O-nline Archiving & Searching Internet Sources) 프로젝트를 2004년 1월부터 추진하고 있다. 2006년 2월부터 운영 중인 OASIS 홈페이지(www.oasis.go.kr)를 통해, 국내·외 도서관과의 활발한 업무 교류를 통한 웹 자원 보존기술의 표준화 등을 추진하고 있다.

네 번째로, 온라인디지털자원 수집·보존(OASIS)은 문화관광부의 '공공도서관 디지털자료실 구축 사업'의 일환으로 국립중앙도서관에 RFID(무선주파수인식시스템 : Radio Frequency Identification)구축 사업을 추진하였다. 정보를 내장(도서관코드, 청구기호, 등록번호 등)한 전자칩을 통합정보시스템(KOLIS)DB와 연계하여 인문과학실을 포함한 주제별 자료실 5개실의 개가자료 30만권의 도서에 전자칩을 부착하고, 반납기 등을 설치하여 이용자 스스로 자료의 대출과 반납이 가능하게 특히, 장서점검 등도 자동으로 관리할 수 있도록 하였다.[31]

---

31) 오성환, '문화유산 디지털 콘텐츠의 표준화 방안 연구' 건국대 석사논문 2013년

<표 4-1> 도서관 정보화 DB구축 현황[32]

('17.12.31.기준)

DB명	~ 2014	2015	2016	2017	누 계
주요자료원문DB(책)	456,116	40,076	133,482	265,946	895,620
국가자료종합목록(건)	23,186,262	541,580	509,711	374,850	24,612,403
국가자료목차정보(건)	1,572,435	48,971	46,650	33,544	1,701,600
기사색인·초록정보(건)	928,241	4,644	4,786	5,426	943,097
합 계					28,152,720

<표 4-2> 주요자료 원문DB구축 세부내역[33]

('17.12.31.기준)

대상자료	책수	면수	대상자료	책수	면수
개인문고	13,472	2,054,578	신문학대표소설	654	203,873
고서	108,219	14,928,974	악보	-	570,513
고지도	196	5,293	어린이청소년 관련자료	61,022	8,418,406
관보	164	147,133	연속간행물	13,333	1,712,480
교과서	4,485	918,485	인문과학분야 박사학위논문(~'97)	75,660	13,874,260
국내발간한국관련 외국어자료	234	47,430	일본어자료(~1945)	91,777	35,707,304
단행자료	493,820	137,973,919	정부간행물	13,575	2,798,130
독도관련자료	145	33,055	한국고전백선	14,830	92,540
문화체육관광부 발간자료	1,939	646,281	한국관련 외국어자료	615	5,103,388
신문	565	3,609,023	한글판고전소설	915	88,554
계				895,620	228,933,619

32) 국립중앙도서관 내부 통계업무 현황자료 2017.12.31.
33) 국립중앙도서관 디지털장서관리시스템 통계자료, 2017.12.31.

다섯 번째로 국가전자도서관 구축사업은 국내 주요도서관을 연계하여 구축한 디지털콘텐츠를 공동 활용함으로써 국가정보능력을 향상시키고자 추진한사업이다. 1995년 사업을 시작하여 2001년도에는 국가전자도서관 경량화사업을 추진하여 실질적인 이용자 위주의 정보서비스 환경을 마련하였다. 원문전송 시 암호화/복호화를 적용함으로써 원문에 대한 저작권보호를 강화한 시스템을 개발하였다.

2003년과 2004년에는 텍스트 원문을 시각장애인에게 서비스하기 위한 단위업무별 확장개선사업을 추진하여 관내·외에 정식 서비스를 시작하였다.

2005년에는 "국가전자도서관 고도화 사업"을 통해 자료의 KDC(한국도서십진분류표)에 기준한 장르별 분류검색시스템을 개발하였고 국가지식포털(www.knowledge.go.kr)사이트와 연계·확장하여 국가전자도서관을 통해 국립중앙도서관을 포함한 7개 참여기관과 함께 메타검색을 할 수 있는 통합검색서비스를 제공하고 있다.

끝으로 공공도서관 표준자료관리시스템(KOLASⅡ)은 공공도서관의 효율적인 자료 관리 및 편리한 대국민 정보서비스 제공을 지원하는 시스템으로 1999년 개발되었다. 주요특징으로는 단행본, 연속간행물, 비도서자료의 통합관리 및 검색, 전거통제시스템과 분류기호 및 주제명 검색용어 활용시스템과의 통합연계, 국가자료공동목록DB 공유기능이 있다. 2000년9월 보급하기 시작하였고, 홈페이지

(www.kolas2.net)를 통하여 전국공공도서관 사서들의 커뮤니티 전용공간으로 활용하고 있다.

<표 4-3> 국립중앙도서관 운영시스템 현황

('17.12.31.기준)

시스템명	간략소개	아키텍쳐	월평균 이용자수(명)	구축일
국가자료공동목록시스템 (KOLIS -NET)	전국 공공도서관의 소장자료에 대한 통합 데이터베이스 관리 및 서비스	WEB, C/S	34,418	2000.2.28.
한국고전적 종합목록시스템(KORCIS)	고전적자료의 통합DB 구축 및 서비스	WEB	17,347	2006
국가상호 대차시스템 (책바다)	도서관간 소장 자료를 서로 대차하여 이용하는 서비스 운영	WEB	10,676	2007.10.29.
국가전자 도서관	국립중앙도서관, 국방전자도서관, 국회도서관, 법원도서관 KERIS, KISTI, KAIST 등의 참여기관 자료의 통합검색	WEB	229,536	1997.7.
서지정보유통지원 시스템	ISBN, ISSN, CIP, 납본 사이트 통합을 통한 발행자(출판사 등) 서지정보제공	WEB	64,880	2013.2
온라인디지털자원수집 보존시스템(OASIS)	오프라인 인쇄 매체로 배포되지 않은 온라인 저작물 중 구입하지 않는 저작물을 수집하고 관리하고 서비스	WEB	32,771	2006.2
국립중앙도서관	도서관 소개, 소장자료 검색, 각종 도서관 행사 등 정보 안내	WEB	651,205	1996
국립어린이 청소년 도서관	소장자료 검색 및 프로그램/행사 안내 접수 등 다양한 콘텐츠 제공	WEB	43,457	2006.6.
국립장애인도서관	장애인을 위한 대체자료 및 종합목록 제공	WEB	24,130	2013.1.
국립세종도서관	소장자료 검색 및 도서 예약, 대출 신청 등 다양한 콘텐츠 제공	WEB	104,146	2013.11.

나. 국립중앙박물관

국가를 대표하는 박물관인 국립중앙박물관의 역할은 『박물관미술관 진흥법』에 명시된, 박물관 자료의 수집, 관리, 보존, 전시에 관한 업무 및 교육, 학술조사, 박물관 자료에 대한 강연회 및 발표회 등의 행사개최 업무를 수행하고 있다. 또한 박물관 자료의 협력 및 교류 등의 업무를 수행하고 있으며, 국내외 문화재 및 박물관 자료의 체계적인 보존 및 국내 박물관간의 협력망의 구축 등의 임무를 부여받고 있다.

국립중앙박물관에 부여된 직무는 "고고학, 미술사학, 역사학 및 인류학분야에 속하는 문화재와 자료를 수집, 보존, 전시하여 일반 공중의 관람에 제공하며, 이에 관한 연구, 조사와 전통 문화의 계몽, 홍보, 보급 및 교류에 관한 사무"로 규정하고 있다. 이 두 법률 조항에 의하면, 현재 국립중앙박물관의 역할은 전시, 교육과 유물의 수집 및 보존과 관리 등으로 규정하고 있다.

1) 디지털헤리티지 관련 제도화 현황

국립중앙박물관은 문화기관이기는 하나, 유물에 대한 전시나 교육 등이 주 업무로 규정되다보니, 디지털유산에 대한 제도화내용이 미흡하다. 국립중앙박물관이 규정하고 있는 디지털유산관련 법 조항은 박물관 미술관법 제33조에 일부 포함되어 있으며, 박물관 예규에 디지털자료에 대한 내용을 담고 있다.

박물관 미술관법에는 문화체육관광부장관은 박물관에 관한 자료의 효율적인 유통·관리 및 이용과, 각종 박물관의 상호협력을 도모하기 위한 협력 체제로서 박물관 협력망을 구성하기 위하여, 전산정보체계를 통한 정보와 자료의 유통, 박물관자료나 미술관자료의 정리, 정보처리 및 시설 등의 표준화, 통합데이터베이스구축, 상호대여체계 구비 등 박물관이나 미술관 운영의 정보화·효율화를 위한 사항과, 그 밖에 박물관이나 미술관의 상호 협력에 관한 사항. 이라고 규정하고 있다.34)

또한 국립중앙박물관 디지털자료관리 규정(제정2013. 2.28., 예규 제160호) 에서는 이 규정은 국립중앙박물관 및 국립지방박물관이 생산한 디지털자료의 관리에 필요한 사항을 규정하여, 디지털자료를 체계적으로 보존·활용하기 위한 것이다.

국립박물관이 업무와 관련하여 생산·접수한 전자기록물 중에서 전자문서로 관리되는 자료를 제외한 자료 중 보존 할 가치가 있다고 인정되는 자료에 적용한다. (규정 제2조)

자료의 유지관리를 위해 박물관은 디지털자료 관리 업무를 담당하는 디지털자료 관리관을 두며, 관리관은 업무

---

34) 박물관 및 미술관 진흥법, [법률 제15062호, 2017.11.28., 일부개정]

를 보조할 디지털자료 관리관보를 둘 수 있다.(규정제4조)

또한 관리관은 기획총괄과장과 연구기획부장으로 하며 아래와 같이 업무를 분담한다. 시스템 유지보수, 자료 백업, 복원, 보안에 관련된 제반사항, 박물관운영 자료의 메뉴관리·수정·삭제·사용허가 등 관리총괄, 중앙박물관의 관리관은 자료의 성격에 따라 관련 부서장에게 특정 메뉴의 자료에 대해 수정·삭제· 사용허가 등 관리 업무를 위임할 수 있다.

박물관은 각종 업무의 최종 결과물이 보존·활용될 수 있도록 노력하여야 한다. 디지털자료를 생산한 직원은 사업 완료 후 30일 이내에 최종 생산 자료를 시스템에 등록하여야 한다. 단, 소장품 이미지 저작물은 "국립중앙박물관 소장유물관리규정"에 따라 관리부서에 인계하여 등록하도록 한다. (규정 제5조)

또한 3항에는 디지털자료를 생산한 부서는 시스템에 등록한 자료와 별도로 사본 1부를 보관하여야 한다. 디지털자료는 관리관의 승인 없이 외부에 제공하거나 반출할 수 없다. 단, 학예 자료중 소장품과 관련된 자료의 외부 열람은 "소장유물관리규정"을 따르고, 자료의 복제는 "국립박물관소장유물 복제규칙"을 따른다. (규정 제6조)라고 되어있다.

이와 같이 국립중앙박물관은 박물관 소장유물 및 자료관리에 대한 내용으로 한정되어 있으며, 자체 보존관리 및 활용을 위한 규정들이 주로 제도화 되어있다. 즉 디지털헤리티지 보존을 위한 개념은 도입되어 있지 않으며, 단순히 소장유물을 관리하기 위한 기초단계의 정보화 수준이라고 생각 된다. 박물관도 하루빨리 소장 유물뿐만 아니라 전국 박물관 정보에 대한 장기적인 디지털화 보존 계획을 수립하여, 고고역사 문화재에 대한 보존관리 뿐만 아니라, 사라져가는 디지털 유산에 대한 보존방안도 마련하여 체계적인 디지털자료 보존 관리를 추진해 나아가기를 기대해 본다.

2) 디지털DB 현황

박물관 정보는 1999년 정보통신부에 의해 문화, 예술, 과학기술, 교육학술, 한국학·문화재 분야 등과 더불어 5대 전략적 지식정보 DB분야로 지정되어, '문화욕구 충족 및 문화유산 보급', '삶의 질 향상을 위한 문화서비스 및 전통문화 탐구 체계 구현', '문화유산의 통합관리 및 과학적 영구보존' 등을 실현하기 위해 2000년 국가문화유산종합정보시스템 구축사업으로 실시되었다.

동 사업은 2000년부터 2005년까지 6차 사업을 통해 문화재청, 국립중앙박물관의 정보 인프라 구축 및 유물 등에 대한 지식정보 DB와 박물관 포털(e-뮤지엄)을 구축하였으며, 교육학습 동영상, 명품유물 동영상, 3D 등의 콘텐츠를 제작 서비스하고 있다.

e-뮤지엄에서는 통합검색을 통해 각 박물관 홈페이지에서 수집한 전시, 교육, 문화행사 등 박물관 소식에 대한 통합 검색을 제공한다. 웹 수집의 대상이 되는 박물관은 총 383개관이다.

<그림4-1>e-뮤지엄홈페이지 (www.emuseum.go.kr)

국립중앙박물관의 표준화는 주로 유물을 체계적으로 수집 관리하고, 전산화하기 위하여 유물에 대한 분류체계 표준화가 진행되었다. 이러한 분류체계표준화의 기준은 1996년 마련된 '博物館 遺物管理 電算化를 위한 遺物分類

標準化'규정을 근간으로 하고 있다. 박물관 유물관리 전산화를 위하여 국립중앙박물관에서 마련한 이 표준안은 현재 박물관 유물관리 프로그램인 표준유물관리시스템, 박물관 홈페이지 유물정보, e뮤지엄 등 박물관 정보서비스에 적용되어 사용하고 있다.

이 표준화 규정은 2000년부터 전국의 모든 박물관에서 수용 가능한 코드의 확장 및 보완을 목적으로, 유물 분류체계 표준화 확대 및 보완을 위한, 전국박물관 표준화 전체회의를 개최하였다. 이 표준화 규정은 전국박물관에서 활용하는 표준유물관리 분류체계로 발전하였다. 현재는 e뮤지엄 시스템 및 국·공사립 및 대학박물관에의 유물관리 및 정보화 업무에 활용하고 있다.[35]

e-뮤지움 서비스는 '06.1.24. 처음 오픈하여 서비스를 시작하고, 전면 개편을 통해 소장품 정보에 대한 자유로운 검색 및 이미지 서비스 개시하였다. 현재 총 383개 박물관의 1백6십만 건의 소장품 정보가 디지털화 되어있고, 112개 박물관 36만 여건의 정보가 제공되고 있다. 제공되는 정보는 명칭, 출토지, 재질, 소장기관, 지정현황, 국적,시대 등이다.

---

35) 오성환, '문화유산 디지털 콘텐츠의 표준화 방안 연구' 건국대 석사논문 2013년

<표 4-4> 국립중앙박물관 DB현황

('16.12월.기준)

구 분		국립 1 (중앙박물관)	국립 2 (민속박물관)	공립 박물관	사립 박물관	기타	합계
DB 구축	박물관(관)	14	16	236	97	20	383
	소장품(건)	746,277	110,854	677,458	47,336	12,222	1,594,147
	이미지(건)	1,143,273	398,188	1,401,078	93,368	54,924	3,090,831
공개 서비 스	박물관(관)	12	5	66	25	4	112
	소장품(건)	79,537	81,957	136,899	24,737	8,707	331,837
	이미지(건)	489,695	7,2343	110,428	10,560	7,818	690,844

다. 국가기록원

우리나라의 국가기록 관리를 통할하는 중앙기록관리 기관으로서 국가기록원은, 1969년에 정부기록보존소가 설립된 이후 '국가보존기록관(National Archives)'의 역할을 해왔다. 정부기록보존소는 국가기록원의 전신으로 1990년 대 '기록물 보존의 전산화' 사업을 추진하였다. 보존중인 기록물의 목록을 전산화하고, 원문을 이미지화하여 시간과 장소에 구애받지 않고 기록정보를 활용하겠다는 의도였다.

1998년 정부기록보존소의 대전청사 이전으로 공간을 확보하게 되고, 기록 관리를 제도적으로 제어할 수 있는 「공공기관의기록물관리에관한법률」이 제정·공포되어 명실상부한 기록관리가 수행되기 시작하였다. 2003년 말 기록관리

기능을 추가한 전자문서시스템의 구축, 기록관리 업무의 전산처리를 위한 자료관시스템 구축, 기록물분류기준표의 제정 등이 이루어졌으며, 잘못된 기록관리에 대한 인식을 타개하기 위하여 2004년 말부터 기록관리 업무의 혁신을 목표로 일련의 기록관리 혁신활동을 해오고 있다36).

국가기록원의 주요임무는 국가 주요기록물 수집 및 체계적 보존·관리이며, 세부사항으로는 공공기관의 30년 이상 보존가치를 지닌 기록물과 국가적으로 중요한 민간 및 해외소재 기록물을 수집하고 있으며, 수집 기록물을 과학적인 방법으로 보존·관리하고 있다. 또한 대국민 기록정보 제공으로 지식정보사회를 이끄는 역할을 선도하고 있다. 즉 국민 누구나 쉽고 편리하게 기록물을 활용할 수 있도록 서울·대전·부산·광주 등 전국적인 열람서비스 체계를 갖추고 있으며, 온라인 콘텐츠 및 포털 서비스 등 다양한 형태로 기록정보를 제공하고 있다.

국가기록원 조직에서 디지털유산 관련 업무를 수행하고 있는 부서는 기록정책부의 기록정보기반과와 기록관리부의 전자기록관리과, 기록보존센터 등이다. 기록정보기반과의 주요업무는 전자기록물의 영구보존·장기검증 체계의 구축, 영구기록물관리기관 기록관리시스템의 개발·운영, 기록관 기록관리시스템의 개발·확산 및 지원, 전자기록물 이관 관련 기반구축 및 지원, 국가기록물 통합검색 및 활

---

36) 문화재청, 문화유산 기록화 종합개선계획(안), 2007.

용체계 구축·운영, 기록물정보 콘텐츠 구축 등 온라인 기록정보서비스 운영계획의 수립 및 추진 등의 업무를 수행하고 있다.

전자기록관리과에서는 전자기록물 수집·이관·관리 정책의 총괄·조정 및 관련 통계관리, 전자기록물 수집·이관·관리를 위한 시스템 개선방안 기획 및 지원, 전자기록물 기술정보 수집·분석 및 관리체계 기획·운영, 행정정보데이터세트, 웹 기록의 프로세스 연구 및 중장기 정책방향 설계, 시청각기록물의 수집·관리 정책의 총괄·조정을 하고 있다. 또한 「공공기록물 관리에 관한 법률」 제46조에 따른 영화 필름 및 방송 프로그램의 수집, 국내외 전자기록물 관련 교류 협력 및 지원 등의 역할을 수행하고 있다.

기록보존복원센터에서는 기록물의 보존정책 기획 및 기록물 보존시설의 기반구축 계획 수립·조정지원, 보존시설의 구축 및 보존분담 총괄·조정기능을 담당한다. 기록물관리기관의 보안 및 재난대비 기준 마련, 기록매체 보존규격의 개발·관리 및 보존용품 인증 제도를 운영하고 있다. 또한 기록물 보존처리·매체수록의 기준 수립·관리 및 시청각실·복원실 운영, 복원·복제 및 탈산·소독의 기준 관리, 기록물의 유형별 보존복원기술·장비 연구 개발, 보존시설 대여 및 기술 지원의 총괄·조정 업무를 수행한다. 수복용 한지 등 기록물 복원·복제 재료 및 기술연구, 연구 개발된 기술의 시험·적용 및 교육·보급, 재난피해 기록물의 응급복구 및 복원 지원, 국내외 보존 복원 관련 교류 협력 및 지원 등의 업무를 수행하고 있다.

1) 디지털헤리티지 관련 제도화 현황

국가기록원은 우리나라 대표적인 정부기록관리 기관이다. 이러한 위상에 걸맞게 공공기록물 관리에 관한 법률(약칭: 공공기록물법) 및 대통령기록물 관리에 관한 법률(약칭: 대통령기록물법) 각종 내부지침을 제정하고 있다.

국가기록관리는 1999년 공공기관의 기록물관리에 관한 법률 (이하 '기록관리법')이 제정되면서 비로소 형성되었다. 법 제정 이전에는 기록관리라기보다는 사무처리 하위의 문서행정이었다.[37]

우선 대표적인 국가기록 관리를 위한 법률인 공공기록물관리에 관한 법률에서 디지털 유산을 보존하기 위한 조항들은 다음과 같다. 먼저 공공기관 및 기록물관리기관의 장은 기록물의 생산부터 활용까지의 모든 과정에 걸쳐 진본성(眞本性), 무결성(無缺性), 신뢰성 및 이용가능성이 보장될 수 있도록 관리하여야 한다.(법 제5조) 공공기관 및 기록물관리기관의 장은 기록물이 전자적으로 생산·관리되도록 필요한 조치를 마련하여야 하며, 전자적 형태로 생산되지 아니한 기록물도 전자적으로 관리되도록 노력하여

---

37) 조영삼, 국가기록관리 발전을 위한 정책제안, 전환기의 역사정책Ⅱ, 2012.

야 한다.(법 제6조) 중앙기록물관리기관의 장은 기록물이 효율적이고 통일적으로 관리·활용될 수 있도록 기록물관리의 표준화를 위한 정책을 수립하여 시행하여야 한다. (법 제7조)

또한 제2장 기록물관리기관에서는 기록물관리를 총괄·조정하고 기록물을 영구보존·관리하기 위하여 영구기록물관리기관을 설치·운영하여야 한다. 그리고 다음의 업무를 수행한다. 기록물관리에 관한 기본정책의 수립 및 제도의 개선, 기록물관리 표준화 정책의 수립 및 기록물관리 표준의 개발·운영, 기록물관리 및 기록물관리 관련 통계의 작성·관리, 기록물의 전자적 관리체계 구축 및 표준화, 기록물관리의 방법 및 보존기술의 연구·보급, 기록물관리 종사자에 대한 교육·훈련, 기록물관리에 관한 지도·감독 및 평가, 다른 기록물관리기관과의 연계·협조 기록물관리에 관한 교류·협력 등이다.(법 제9조)

또한 국가기록 관리에 대한 중요한 사항들을 심의하기 위하여 다음과 같이 국가기록관리심의위원회를 두고 있다. 심의위원회는 기록물관리에 관한 기본정책의 수립, 기록물관리 표준의 제·개정 및 폐지, 영구기록물관리기관 간의 협력 및 협조 사항, 대통령 기록물관리, 비공개 기록물의 공개 및 이관시기 연장 승인, 국가지정기록물의 지정 및 해제, 그 밖에 기록물관리와 관련하여 위원회의 위원장이 심의에 부치는 사항. 등을 심의한다.(법 제15조)

또한 컴퓨터 등의 정보처리장치에 의하여 생산·관리되는 기록정보 자료의 안전하고 체계적인 관리 및 활용 등을 위하여 전자기록물 관리체계를 구축·운영하여야 한다. 전자기록물 관리시스템의 기능·규격·관리항목·보존포맷 및 매체 등 관리 표준화에 관한 사항, 기록물관리기관의 전자기록물 데이터 공유 및 통합 검색·활용에 관한 사항, 전자기록물의 진본성 유지를 위한 데이터 관리체계에 관한 사항, 행정전자서명 등 인증기록의 보존·활용 등에 관한 사항, 기록물관리기관 간 기록물의 전자적 연계·활용 체계 구축에 관한 사항, 전자기록물과 전자적으로 생산되지 아니한 기록물의 전자적 관리를 위하여 그 밖에 필요한 사항은 대통령령으로 정한다.(법 제20 조)

또한 중요 기록물의 이중 보존을 위하여 영구보존으로 분류된 기록물 중 중요한 기록물은 복제본을 제작하여 보존하거나, 보존매체에 수록하는 등의 방법으로 이중보존하는 것을 원칙으로 한다. 기록물관리기관이 보존하는 기록물 중 보존매체에 수록된 중요기록물은 안전한 분산 보존을 위하여 대통령령으로 정하는 바에 따라 그 기록물의 보존매체 사본을 중앙기록물관리기관에 송부하여야 한다. 라고 규정하여 전자기록물과 중요기록물의 보존에 대한 내용을 잘 명시하고 있다.38) (법 제21조)

시청각 기록물의 관리를 위하여 공공기관은 업무수행

---

38) 행정안전부, 공공기록물 관리에 관한 법률, [법률 제14613호, 2017.3.21.,

과 관련하여 생산한 사진, 필름, 테이프, 비디오, 음반, 디스크 등 영상 또는 음성 형태의 기록물을 대통령령으로 정하는 바에 따라 관리하고 관할 영구기록물관리기관으로 이관하여야 한다.(법 제23조)라고 하여 시청각자료에 대한 보존방법을 명시하고 있다.

또한 기록물의 체계적·전문적 관리 및 효율적 활용을 위하여 다음의 사항에 대한 표준을 제정·시행하여야 한다. 전자기록물의 관리체계 및 관리항목, 기록물관리 절차별 표준기능, 기록물 종류별 관리 기준 및 절차, 기록물관리기관의 유형별 표준모델, 기록물 보안 및 재난관리 대책, 그 밖에 기록물의 효율적 관리를 위하여 필요한 사항. 등을 제정하고 있다.(법 제39조)

중앙기록물관리기관의 장은 국가적으로 보존가치가 높은 국내외 소재 주요 기록정보 자료와 민간기록물을 수집할 수 있다. 국가적으로 보존가치가 높은 국내외 소재 주요 기록정보 자료와 민간기록물의 소유자 또는 관리자에게 그 기록정보 자료 또는 민간기록물의 목록이나 그 사본의 제출을 요청할 수 있다. 라고 하여 민간이 소유한 국가적으로 중요한 가치가 있는 자료를 수집하여 영구보존할 수 있는 근거 조항을 두고 있다.(법 제46조)

또한 동법 시행령에서는 기록물관리기관이 보존중인 전자적 형태로 생산되지 아니한 기록물은 다음 각 호의 어느 하나의 방법으로 보존하여야 하며, 기록물의 보존방법별 구분기준은 원본과 보존매체를 함께 보존하는 방법, 원본을 그대로 보존하는 방법, 원본은 폐기하고 보존매체만 보존하는 방법 등이 있다.

기록물을 보존하는 경우에는 다음 각 호의 구분에 따라 보존매체에 수록하여야 한다. 보존기간 10년 이하인 기록물: 보존용 전자매체(전자기록물을 저장할 수 있는 저장장치로서 정보처리능력을 가진 장치에 의하여 구동 또는 연결되는 저장장치를 말한다. 이하 같다) 또는 마이크로필름, 보존기간 30년 이상인 기록물: 마이크로필름, 기록물관리기관의 장은 보존가치가 매우 높은 전자기록물에 대하여는 마이크로필름 등 육안으로 식별이 가능한 보존매체에 수록하여 관리하여야 한다. (시행령 제29조)

전자기록생산시스템은 기록물 및 기록물철의 등록·분류정보에 대한 검색·활용 기능을 제공하여야 하며, 기록물 이관 및 생산현황 보고 시 중앙기록물관리기관의 장이 정하는 방식에 따라 목록 및 전자기록물 파일에 대한 전송정보 파일생성 및 전송 기능을 갖추어야 한다.(시행령 제34조)

중앙행정기관과 그 소속기관, 지방자치단체의 장은 전자기록생산시스템을 구축하거나 전자기록생산시스템의 기록물관리 기능을 개선하려는 때에는 미리 중앙기록물관리기관의 장과 협의하여야 한다.(시행령 제34조의2)

기록관 또는 특수기록관의 장은 인수가 종료된 전자기

록물중 보존기간이 10년 이상인 경우에는 중앙기록물관리 기관의 장이 정하는 바에 따라 문서보존 포맷 및 장기보존 포맷으로 변환하여 관리하여야 한다. 장기보존포맷으로 변환하는 경우에는 행정전자서명 및 시점확인 정보를 부여하여야 한다.

기록관 또는 특수기록관의 장이 영구기록물 관리기관으로 전자기록물을 이관하고자 하는 경우에는 관리정보 메타데이터를 추가한 장기보존 포맷으로 재 변환 하여야 한다. 전자기록물을 진본성, 이용가능성 등이 유지될 수 있는 방법이나 형식으로 저장하여야 하며, 승인받지 아니한 접근, 폐기 등으로부터 전자기록물을 보호하는 방안을 수립·시행하여야 한다. 전자기록물의 손실을 방지하기 위하여 백업(backup)과 복원 기능을 구비하여야 한다. (시행령 제36조)

영구기록물관리기관의 장은 공공기관이 생산한 전자기록물의 효율적인 이관과 보존 중인 전자기록물의 안전한 보존관리를 위하여 필요한 대책을 수립·시행하여야 한다. 전자기록물의 진본성·무결성·신뢰성 및 이용가능성이 보장되도록 관리정보 메타데이터와 행정전자서명 및 시점확인 정보 등에 대한 검증을 실시하고, 주기적으로 장기보존포맷을 변환하여야 한다.

전자기록물의 저장은 진본성, 이용가능성 등이 유지될 수 있는 방법이나 형식으로 처리하여야 하며, 승인받지 아니한 접근, 폐기 등으로부터 전자기록물을 보호하는 방안을 수립·시행하여야 한다. 각종재난 등에 의한 전자기록물의 손실을 방지하기 위하여 데이터, 기록매체, 시스템 등에 대한 전자적 복구 체계를 수립·시행하여야 한다. (시행령 제46조)

또한 기록정보서비스를 확대하기 위하여 보존중인 기록물중 전자적 형태로 생산되지 아니한 기록물의 전자화 계획을 수립·시행하여야 한다. 전자적 형태로 생산되지 아니한 기록물의 전자적 관리 및 기록물관리기관 간 전자화기록물의 연계·활용을 위하여 필요한 표준 등을 작성·고시하여야 한다.(시행령 제47조)

기록물관리기관의 장은 출입인원, 보존시설, 전산장비 및 기록물 등으로 구분하여 보안대책을 수립·시행하여야 하며, 기록물의 대피 우선순위, 근무자 안전규칙 등을 포함하는 기록물 재난대비책을 수립·시행하여야 한다.(시행령 제62조)

국가기록원의 자체규정은 대표적인 지침이 「중앙영구기록 관리시스템 데이터베이스 품질관리 지침」39)이다. 국가기록원 훈령으로 "중앙영구기록관리시스템"(Central Archives Management System, 이하 CAMS)에서 운영되는 DB에 대한 운영관리 및 품질관리에 관한 규정들이 제

---

39) 중앙영구기록관리시스템데이터베이스 품질관리지침, 국가기록원훈령, 제100호, 2015.4.6,제정

정되어 있다. 중앙기록물관리기관시스템이란 영구기록물 관리를 전자적으로 수행하는 시스템을 말한다.

데이터베이스 품질을 관리하기 위하여, 데이터베이스 품질관리 및 표준화 정책 수립, 데이터베이스 품질진단 및 오류 데이터 정비, 대량데이터 일괄등록 업무에 대한 사전협의 및 일괄등록 처리, 그 밖에 데이터베이스 품질 관리 업무에 대한 대내외 협의 및 의사결정 등의 업무를 수행한다. (품질관리 지침 제5조)

데이터베이스 품질관리담당자는 데이터베이스 품질관리책임자의 통제에 따라 다음 각 호의 업무를 수행하여야 한다. 데이터베이스 품질관리 및 표준화 관련 산출물 작성 및 관리, 데이터베이스 품질진단 및 오류데이터 정비에 관한 사항, 대량데이터 일괄등록 데이터의 오류여부 사전검증, 데이터베이스 품질관리 교육, 그 밖에 데이터베이스 품질관리와 관련된 사항 등으로 디지털자료 관리시스템의 책임자와 담당자의 업무를 명확하게 규정하고 있다. (품질관리 지침 제6조)

다른 하나의 규정은'기록물관리 표준화 업무 운영규정'(국가기록원 훈령 제127호)이다. 국가기록원장은 기록물관리 표준화계획, 국가표준 및 공공표준의 제정안·개정안 및 폐지안 심의를 위하여 국가기록관리 위원회 산하에 표준전문위원회를 설치·운영한다.(표준화업무규정 제3조)

국가기록원장은 기록물관리 표준화업무를 추진하기 위

하여 표준화 주관부서를 지정·운영하여야 한다. 표준화 주관부서는 표준화 과제의 수요조사, 표준화 계획의 수립, 표준전문위원회 및 표준화 작업반 운영, 표준의 제정안·개정안 및 폐지안 작성 및 예고고시, 확정고시 등 절차 주관, 기록물관리 표준화에 대한 국내·외 협력 추진, 기록물관리의 표준 이행 적합성 평가 및 표준 이행 지원, 기타 기록물관리 표준화에 관한 사항 등의 업무를 수행한다. (표준화업무 규정 제4조)

2) 디지털DB 현황

국가기록원은 국가기록물을 종합 수집 보존 관리 활용하는, 우리나라 대표적인 기록물관리기관이다. 보유 데이터베이스도 대부분 문서와 관련된 자료들이 주류를 이루고 있다. 기록물 보유현황은 문서류가 365만 건, 도면류가 23만 건, 병적카드 등 카드류가 42만 건 등 총 430만 건의 자료를 보유하고 있다.

또한 시청각 자료 보유현황은 대한뉴스 등 비디오류가 5만4천 건, 대통령 신년사 등 오디오류가 1만3천 건, 그리고 사진은 가장 많은 284만 건 등 총 290만 건에 이르고 있다. 또한 행정박물류는 국새 등 관인류가 1만8천 건, 화폐 우표 등 상징·기념물류가 4만3천 건 등 총 6만3천 건의 자료를 보유하고 있다. 그 밖에 간행물류를 56만 건

보유하고 있다. 따라서 국가기록원이 보유하고 있는 DB 의 총량은 약 782만 건(2016. 1.1기준)에 달한다.

이렇게 방대한 양의 DB를 보유하고 있는 행정기록물 들은 국가적으로 법에 의해 반드시 보존 관리해야 하는 기록물이 대부분이기 때문에 다른 기관에서 보유하고 있 는 DB와는 큰 차별성이 있다. 수집 보존 방법 또한 다른 기관이 보유하는 DB자료와는 차별성 있게 좀 더 세심하 게 보존할 필요성이 있다.

<표 4-5> 국가기록원 일반 문서류 현황[40]

('16.1.1.기준)

구분	시대별	보유량[권,매]	주요내용
문서	소계	3,657,270	
	조선시대	1,193	조선왕조실록, 구황실문서, 기타
	일제시대	40,500	조선총독부문서 등
	정부수립후	3,615,577	각 기관 이관기록물
도면	소계	226,613	
	조선시대	288	기상관측도 등
	일제시대	34,718	지적원도, 국유림경계도, 삼각원도 등
	정부수립후	191,607	광구도, 청사설계도, 각종공사설계도 등
카드	소계	422,715	
	조선시대	0	
	일제시대	0	
	정부수립후	422,715	인사기록, 병적카드, 공무원연금카드 등
합계		4,306,598	

※ 문서는 일반문서, 해외기록물, 고기록물 포함

---

40) 국가기록원 홈페이지(http://www.archives.go.kr/)

<표 4-6> 국가기록원 간행물류 현황

('16.1.1.기준)

구분		합계	주요내용
행정간행물	권	561,352	기관별수집 간행물, 일반출판사 발행도서

<표 4-7> 국가기록원 시청각류 현황

('16.1.1.기준)

구분	형태	보유량[점]	주요내용
시청각	소계	2,908,342	
	비디오류	54,024	대한뉴스 및 기록영화, 대통령해외순방 등
	오디오류	12,874	대통령 신년사·기자회견, 대통령 주재 주요회의 등
	사진류	2,841,444	역대 3부 요인 및 역대 장관, 국가 주요 행사 등

<표 4-8> 국가기록원 행정박물류 현황[41]

('16.1.1.기준)

구분	형태	보유량[점]	주요내용
	소계	62,873	
관인류	관인류	18,004	국새, 직인, 청인
상징물, 기념물	견본류	8,362	화폐, 우표, 훈장·포장
	상징류	957	현판, 기, 휘호, 모형, 의복, 공무용품
	기념류	33,786	포스터, 팜플릿, 기념품, 등록카드
	상장훈장류	103	상장, 상패, 메달, 트로피
사무집기류	사무집기류	61	사무집기
기타	그 밖의 유형	1,600	영구기록물관리기관의 장이 지정한 그 밖의 유형

---

41) 국가기록원 홈페이지(http://www.archives.go.kr/)

라. 국내기관 디지털헤리티지 적용현황

국립중앙도서관은 디지털유산 보존관련 선도 기관답게 가장 준비가 잘된 기관이다. 이미 유네스코 디지털헤리티지 보존에 관한 헌장이 발표되는 시점에 맞춰, 2004년에 '유네스코 디지털유산 보존에 관한 기초연구' 용역사업을 실시하였다. 또한 이 연구결과를 토대로 관련연구자들과 함께 포럼을 개최하였다.

국립중앙도서관은 우리나라 대표도서관답게 가장 많은 자료량을 보유하고 있으며, 우리나라 문헌정보의 총보고이다. 또한 유네스코 정책을 가장 잘 반영하고 있는 기관이라는 것을 보여주는 단적인 예가, 도서관 조직 내에, 디지털유산 보존관련 부서를 가장 먼저 설치하였다는 점이다. 대표적인 조직이 2008년에 개관된 국립디지털도서관이다. 또한 디지털유산 수집 보존을 위하여 핵심조직인 '디지털자료운영부'를 두었다.

2017년2월에는 기록매체박물관을 개관하여 공개하였다. 또한 기존의 도서관연구소를 자료보존연구센터로 개편하여 자료의 산성화 등 훼손문제와 디지털자료의 보존문제를 해결하도록 하였다.

이와 같이 국립중앙도서관은 조직적인 면에서도 선도적으로 디지털유산 보존을 위한 체계로 정비하였으며, 제도적인 면에서도, 유네스코 디지털헤리티지 보존정책들을 체계적으로 반영하고 있다. 대표적인 법률인「도서관법」42)에 디지털 온라인 자료를 수집하고, 보존, 이용하는 데 어려움이 없도록 제도적인 내용들을 잘 정비하여 마련하고 있다.

도서관법의 가장 중요한 조항이 도서관법 제19조와 제20조이다. 법 제19조에서는 온라인 납본에 대한 근거를 마련하였고, 법20조 제2항에서는 국가, 지방자치단체 및 그 밖에 대통령령으로 정하는 공공기관이 자료를 국립중앙도서관에 납본하는 경우에는 디지털파일 형태로도 납본하여야 한다고 명시하여, 디지털 자료의 수집근거를 마련하고 있다. 이외 디지털자료의 표준화 문제와, 저작권이 있는 디지털자료의 보상근거까지 마련하고 있으며, 장애인을 위한 디지털자료 수집근거까지 법률에 명시하였다. 또한 디지털 수집자료, 웹자료 등 수집대상 및 파일형태도 시행령 및 행정 고시 등으로 규정하고 있다.

또한 국립중앙도서관은 대용량의 디지털정보도 DB구축하여 보관하고 있으며, 자료의 양도 2천8백만 건에 이르며, 원문DB가 구축된 면수도 약 2억3천 만면에 이르는 방대한 양의 디지털 정보를 보존관리하고 있다.43)

아울러 국립중앙도서관은 국가대표도서관으로서 가치있는 인터넷 자료를 국가적인 차원에서 수집·축적하여 미

---

42)「도서관법」, (법률 제15167호, 2017.12.12., 일부개정)
43) 국립중앙도서관 디지털장서관리시스템 통계자료 2017.12.31.

래세대에 연구 자료로 제공하는데 그 목적을 두고 온라인 디지털자원 수집·보존 사업인 OASIS(Online Archiving & Searching Internet Sources) 프로젝트를 2004년 1월부터 추진하고 있다. 2010년까지 100만 웹 자원 아카이빙 달성, 디지털영토 내에 방대하게 산재된 웹 자원의 효율적인 수집·보존을 위한 법·제도적인 환경을 마련하였다.

이처럼 국립중앙도서관은 우리나라에서 가장 유네스코 정책을 잘 반영하고 있는 대표적인 기관이다. 디지털헤리티지 관련자료 수집, 보존을 위한 제도적인 근거를 마련하였고, 가장 많은 디지털 원문 및 DB정보를 보유 관리하고 있으며, 그 영역을 점차 확장시켜가고 있다. 디지털 정보 수집 관리에만 머물지 않고, 디지털 기록매체박물관 설치 및 자료보존연구 분야까지 범위를 넓혀가고 있다.

다만 우려되는 부분은 시간이 흐름에 따라 기하급수적으로 늘어나는 방대한 양의 디지털정보를 앞으로 어떻게 잘 보존하고, 지속적으로 관리해 나갈 수 있을지가 관건이다.

국립중앙박물관은 박물관 자료의 수집, 관리, 보존, 전시에 관한 업무 및 교육, 학술조사, 박물관 자료에 대한 강연회 등의 업무를 수행하고 있다. 따라서 디지털유산 관련 조직이나, 제도화 내용은 별도로 규정되어 있지 않고, 기존의 『박물관미술관 진흥법』 내에 부분적으로 규정되어 있다.

박물관 및 미술관진흥법 제33조에는 박물관에 관한 자료의 효율적인 유통·관리 및 이용과, 각종 박물관의 상호협력을 도모하기 위한 협력체제로서 박물관 협력망을 구성하기 위하여, 전산 정보체계를 통한 정보와 자료의 유통, 박물관자료의 정리, 정보처리 및 시설 등의 표준화, 통합 데이터베이스 구축, 상호 대여체계 구비 등의 기능을 수행하는 것이 목적이다. 디지털유산의 보존을 위한 목적이 아닌, 자료의 효율적인 관리 및 박물관간의 협력을 도모하는 것이 목적으로 되어 있다.

다만 법률이 아닌 자체규정인 디지털자료 관리규정(예규)44)에는 국립중앙박물관 및 국립지방박물관이 생산한 디지털자료의 관리에 필요한 사항을 규정하여 디지털자료를 체계적으로 보존·활용하기 위한 것이라고 규정하고 있다.

이 규정에는 특별하게 디지털자료 관리관 및 디지털자료 관리관보를 두게 되어있다. 국립중앙박물관도 디지털유산 보존에 대한 중요성을 충분히 인식하고 있다는 근거라고 말할 수 있다. 아쉬운 점은 내부규정으로 제정되어 있는 점이다.

또한 디지털자료를 생산한 직원은 사업 완료 후 30일 이내에 최종생산 자료를 시스템에 등록하여야 한다. 라고 규정하여 디지털자료의 시스템 등록 근거를 마련하였다.

---

44) 국립중앙박물관, 디지털자료 관리규정(자체예규), 2013.2.28제정.

단, 소장품 이미지 저작물은 "국립중앙박물관 소장유물관리 규정"에 따라 관리부서에 인계하여 등록하도록 하였다.

국립중앙박물관의 디지털유산 관련 제도화는 자체 유물관리 수준의 규정으로, 유네스코 디지털헤리티지 보존정책 적용단계까지는 미치지 못하고 있다.

국가기록원은 국가 주요기록물 수집 및 체계적 보존·관리가 주요임무 이다. 세부사항으로는 공공기관의 30년 이상 보존가치를 지닌 기록물과 국가적으로 중요한 민간 및 해외소재 기록물을 수집하고 있으며, 기록물을 과학적으로 보존·관리하고 있다. 또한 전자정부, 지식정부 등으로 대표되는 행정환경의 변화에 맞춰 법령 및 제도 개선을 추진하여 효율적인 기록관리 체계를 구축하고, 각급 기관의 기록관리 역량강화를 위한 협력·지원 사업 등을 추진하고 있다.

국가기록원은 정부 주요부처에서 생산되는 문서를 법률에 의해 체계적으로 수집하고, 보존 관리하고 있어, 우리나라 주요기록을 가장 많이 보존하고 있는 기관이라고 볼 수 있다.

물론 수집이나, 보존관리 대상이 국가기관 및 주요 공공기관이고, 수집범위도 중장기 보존 문서에 한정 되어 있지만, 국가에서 생산되는 모든 문서가 국가기록원 시스템에 등록된다고 봐도 된다.

국가기록원은 국가 중요기록물을 다루는 국가 대표기

관에 걸맞게 디지털 유산 보존관련 부서를 두고 있는데, 여기에 해당되는 부서는 기록정보기반과, 전자기록관리과, 기록보존센터 등이 이에 해당되는 조직이다.

국가기록원의 대표적인 법률인 '공공기록물 관리에 관한 법률'에서 디지털유산을 보존하기 위한 내용들을 세부적으로 담고 있다. 먼저 공공기관 및 기록물관리기관의 장은 기록물의 생산부터 활용까지의 모든 과정에 걸쳐 진본성(眞本性), 무결성(無缺性), 신뢰성 및 이용가능성이 보장될 수 있도록 관리하여야 한다. 라고 디지털유산 보존 원칙들을 명시하고 있다.(법 제5조)

또한 기록물의 전자적 생산관리에 대한 근거를 명시하고 있으며, 기록물 관리의 표준화를 위한 정책도 수립하여 시행하도록 하고 있다.

국가기록원에서는 공공기관에서 생산된 기록물 및 국가적으로 영구히 보존할 가치가 있는 민간기록물에 대해서 수집, 보존하고, 재난에 대비하기 위한 규정 및 절차를 법으로 제정하고 있으며, 비전자로 생산된 문서의 전자적 관리까지를 포함하고 있다. 물론 문서 중심의 정부기록물에 한정되어 적용되는 법률이지만, 디지털유산 보존을 위한 유네스코에서 제시한 보존 정책이상으로 세부적인 절차를 마련하고 있다.

또한 표준화에 관한 내용은 별도의 훈령으로 마련하여 시행중이다. 표준화 부분은 유네스코에서도 적용할 경우 효과가 매우 크지만, 일반적으로 표준마련이 용이하지 않기 때문에, 적용이 어려운 사항으로 판단하고 있는 부분이다.

약 782만 건에 달하는 DB를 보유하고 있는 국가기록원 자료는 대부분이 행정 기록물들로 국가적으로 반드시 보존 관리해야 하는 기록물이다. 따라서 전자적 형태로 보유관리하기 위해서는 유네스코 정책에 충실하게 보존하고 관리해야 할 필요성이 매우 크다. 그러나 보유데이터의 양이 기하급수적으로 늘어날 경우 보유 및 보존관리 문제의 어려움에 봉착할 수도 있다.

따라서 지속적인 투자를 통해 기록관리 시스템을 유지해야 하며, 지금같이 방대한 문서를 지속적으로 영구보존하는 것은 시간이 경과할수록 커다란 부담으로 다가오며, 궁극적으로 반드시 필요한 자료도 제대로 보존하지 못하는 경우가 발생할 수 있으므로, 보존의 범위를 적정하게 유지해 나갈 필요성이 있다. 또한 기록관리 시스템에 접근성이 무너질 경우에 대비하여 2중, 3중의 백업(backup) 체계를 유지해야 한다. 영구자료에 대해서는 오프라인으로 열람할 수 있는 형태의 문서체계를 유지하고 분산보관 등의 장기적인 보존 방안을 강구해 나가야만 보존체계가 지속적으로 유지될 수 있다.

지금까지 국립중앙도서관 등 3개 주요문화기간의 디지털헤리티지 보존정책을 살펴본 결과 국립중앙도서관이나 국가기록원의 디지털유산 보존 현황이나 제도화 수준은 유네스코에서 권장하는 수준에 근접하고 있는 것으로 보인다.

다만 기관의 업무 특성이 반영되기는 하지만 국립중앙도서관이 제도화나, 모든 면에서 보편적으로 유네스코 정책에 가장 근접한 기관이라고 생각된다. 국가기록원은 법제화나 자료보존 관리 절차 등에 있어서, 아주 체계적으로 우수한 기관이긴 하지만, 국가의 대표적인 기록관리 기관의 특성상 정부기록물에 모든 규정이나 내용들이 편중되어 있어서 국립중앙도서관과는 차이가 있다.

국립중앙박물관은 유물 관리에 편중된 디지털보존 정책들을 가지고 있어 유네스코 디지털 보존정책과는 거리가 있고, 디지털정책 운용 수준도 미흡한 편이다. 자료수집에서부터 관리, 보존, 활용, 표준화 등의 절차가 아직까지 정립되어 있지 못하고, 제도화 내용도 매우 미약한 편이다. 디지털유산 운용 조직도 다른 두 기관에 비해 독립적인 조직을 갖추지 못하고 있다.

디지털유산을 보존하고 잘 관리하는 일은 많은 노력과 시간을 필요로 하는 어렵고 힘든 일이다. 그렇지만 디지털유산은 인류가 반드시 보존하고 관리해야 될 대상이다. 여기에서 한 걸음 더 나아가 영구적인 접근이 가능하도록 하는 것이 진정한 보존이라고 생각한다.

<표 4-9> 국내 주요문화기관 유네스코 정책 반영현황

(2018년 현

구분		국립중앙도서관	국립중앙박물관	국가기록원	세계기록유산	비
기관역할		국내 문헌 수집 보존	박물관자료수집 전시 및 교육, 연구	국가주요 기록물 수집 보존관리	세계기록유산 등재보존	
디지털 관련조직		디지털자료부 (국단위)조직	없음 (겸임)	부서단위조직 (3개부서)	지식사회정보국 (사무국)	
제도화 내용	관련법	도서관법 및 시행령	박물관· 미술관진흥법 (박물관예규에 주로 명시됨)	공공 기록물 관리에 관한 법 및 시행령	등재지침	
	디지털 자료 수집 (납본)	있음	없음	있음	있음	
	보존 및 관리내용	있음	없음	있음 (진본성 및 이용가능성 명시)	있음	
	표준화 내용	있음 (디지털기획과 담당)	없음	있음 (표준화 전문위원회 설치)	-	
	저작권 및 보상 명시	저작권 및 보상 규정 있음	없음	없음	있음	
	기술적 보존내용	있음 (자료보존연구 센터 설치)	없음	있음 (기록보존 복원센터 설치)	있음	
디지털자료 보유현황		229백만면 (약90만 책),	160만 건 (383개 박물관)	782만 건 ('16.1.1기준)	-	
유네스코 정책반영		적극반영	미반영	반영됨	적극반영	

8. 해외사례 및 현황은?

가. 유네스코 세계기록유산 보존정책

1) 세계기록유산 개요

유네스코 세계기록유산 등재제도는 전 세계에 산재하고 있는 디지털 유산을 포함한 기록유산을 선정하여 유네스코가 등재하는 제도이다. 먼저 지역목록이나 국제목록에 올리고 이들 목록 중 등재신청서를 작성하여, 심사를 통해, 최종적으로 세계기록유산에 등재하게 된다.

우리나라는 이러한 등재과정을 거쳐 2017년 조선왕실어보와 어책, 국채보상 및 조선통신사기록물이 등재되면서 조선왕조실록, 직지심체요절, 승정원일기 등과 함께 모두 16개의 세계기록유산을 보유하고 있다. 이 제도는 디지털유산 보존을 위한 실제 적용되고 있는 국제적인 제도이기 때문에, 디지털유산의 적용사례의 모범이라고 할 수 있다.

유네스코는 인류 문화의 주요 전승 수단인 기록물들이 훼손 및 소멸 위기에 처해있음에 주목하여 1992년부터 세계기록유산사업(MOW: Memory of the World)을 추진해 왔다. 이 사업은 고서, 지도, 필름과 같이 우리 인류가 반드시 기억해서 후세에 물려주어야 하는 소중한 기록물들

을 선정하는 일종의 인증 사업이다. 2016년 6월 기준으로
전 세계 107개국 및 6개 단체의 348개 기록유산이 유네스
코에 등재되어 있다. 이러한 성과를 보면 세계 기록유산
사업이 기록유산의 중요성에 대한 국제적인 인식을 획기
적으로 바꾸어 놓았다고 평가할 수 있다.45)

　기록유산은 세계기록유산 사업에서 모든 종류의 '단일'
기록물이나 일정한 논리적 일관성을 지닌 '기록군'을 이룬
다수의 　기록물(컬렉션(collection), 　장서(holding), 　퐁
(fonds))을 가리키는데 사용하는 집합적인 용어이다. 기록
군의 규모는 관계가 없으며, 해당 기록군을 이루는 유산
자체가 중요하다. '컬렉션(collection)'은 특정 환경이나 원
인, 목적(예를 들어 주제, 인물, 유래, 역사적 관계)에 따
라 개별 기록물을 묶은 독립적인 기록군이다. '퐁(fonds)'
은 개인 혹은 단체가 일반적인 활동과정에서 생성하거나
수용하고 이후 참고하기 위해 보관한 것으로, 기록물 간
행정적인 맥락과 관계가 유지되는 하나의 기록군 전체를
말한다. '장서(holding)'란 정의된 컬렉션 및 퐁(fonds)을
하나로 혹은 보다 광범위하게 묶은 것이다. 컬렉션이나
퐁, 장서는 다양한 이유로 둘 이상의 기관에 나뉘어 소장
될 수 있다.

　세계기록유산은 두 가지 요소나 측면을 갖춘 기록물로

---

45) 김귀배, 「세계기록유산사업의 제도적 기반과 쟁점 분석」, 건국대학교 석
사논문, 2016.8

정의한다. 이는 기록물에 담긴 정보와 해당내용을 담은 매체이다. 두 가지 모두 그 종류가 매우 다양하며, 등재된 기록물은 중요도에서 차이가 있다.[46]

유네스코 세계기록유산 사업의 목적은 세계의 기록유산이 인류 모두의 소유물이므로, 미래세대에 전수될 수 있도록 이를 보존하고 보호하고자 한다. 또한 기록유산에 담긴 문화적 관습과 실용성이 보존되어야 하고, 모든 사람들이 방해받지 않고 접근할 수 있어야 한다고 믿는다. MOW(Memory of the World) 사업은 세계의 기록유산이 인류 모두의 소중한 자산이라는 데 바탕을 두고 있으며, 최적의 기술을 통해 전 세계 기록유산의 보존을 돕는다. 기록유산의 보편적 접근성을 향상시킨다. 기록유산의 존재와 중요성에 대한 세계적 인식을 제고하는 것을 목적으로 하고 있다.

기록유산에 해당하는 대상은 단독 기록일수 있으며, 기록의 모음(archival fonds)일수도 있다. UNESCO는 1995년에 인류의 문화를 계승하는 중요한 유산인데도 훼손되거나 영원히 사라질 위험에 있는 기록유산의 보존과 이용을 위하여, 기록유산의 목록을 작성하고 효과적인 보존수단을 강구하기 위해 세계기록유산 사업을 시작하였다.

기록유산의 대상이 되는 예시는 필사본, 도서, 신문, 포스터 등 기록이 담긴 자료와 플라스틱, 파피루스, 양피지,

---

46) 세계기록유산 등재신청 안내서, 유네스코 세계기록유산 사무국, 2012년

야자 잎, 나무껍질, 섬유, 돌 또는 기타자료로 기록이 남아 있는 자료, 그림, 프린트, 지도, 음악 등 비문자 자료 (non-textual materials), 또는 전통적인 움직임과 현재의 영상 이미지이거나, 오디오, 비디오, 원문과 아날로그 또는 디지털 형태의 정지된 이미지 등을 포함한 모든 종류의 전자 데이터 등이다.47)

2) 세계기록유산 보존관리 방안

세계기록유산 대부분은 전 세계 도서관, 기록 보관소, 박물관 및 기타 보관소에 분포하고 있으며, 그 중 상당수가 위험에 처해 있다. 많은 민족의 기록유산이 장서 (holdings) 및 컬렉션(collections)의 우발적, 고의적 이동, '전리품' 또는 다른 역사적 환경으로 처음에 있던 장소에서의 이탈로 산재해 있는 상황이다. 물리적 또는 정치적 장벽으로 인해 접근이 불가한 기록유산이 있는 반면, 어떤 유산은 상태의 악화 내지 파괴가 위협 요인으로 작용하고 있다. 유산의 반환을 요청할 때에는 정의 측면과 함께 상황적 요인도 고려하여야 한다.

이들 기록유산에 대한 위협 요인은 다양하다. 기록유산 대부분은 화학적으로 불안정하며 파손 위험이 있는 자

<hr>

47) 유네스코 한국위원회 홈페이지 (http://heritage.unesco.or.kr/ mow/mow_intro/) 2018.4.검색

연물질, 합성물질 또는 유기물로 구성되어 있어 가뭄이나 화재 같은 자연재해는 물론, 약탈, 사고, 전쟁 등의 인재, 그리고 최소한의 보관 및 보존 노력도 기울이지 않는 무관심 혹은 방치로 인한 점진적 상태 악화 같은 지속적 위험에 처해 있다. 시청각 및 전자 자료의 경우는 기술 노후로 인해 손실이 발생하기도 한다. 이러한 상황은 보존을 고려해 보다 안정된 소재 내지, 대체 기술은 개발하지 않은 채 상업적 필요만을 좇을 경우 초래되기 쉽다.

위와 같은 각종 위험에 대한 인식이 증가함에 따라 긴급한 조치를 취해야 한다는 필요성 또한 대두되었다. 이미 너무도 많은 기록유산이 역사 속으로 영원히 사라졌다. 아직까지 남아있는 기록유산이라 해도 그 대부분은 마지막 순간이 되어서야 보존 노력을 기울이게 될 것이며, 이마저도 그러한 노력이 있을 것이라는 가정 하에서의 얘기다. 세계기록유산을 보존하는데 필요한 기술과 설비는 전 세계적으로 그 분포가 고르지 못하다.

세계기록유산 프로그램은 전 세계적, 지역적, 국가적으로 중요한 가치를 지니는 기록유산을 인식하고 이에 대한 목록을 유지하며 세계기록유산임을 표시하는 로고를 부여함으로써, 이들 기록유산의 보존 및 보편적 접근성 확보를 용이하게 함은 물론, 일반 대중 및 상업 분야를 대상으로 기록유산에 대한 인식을 제고하고 이들 유산의 보존 및 관련 기금 마련에 대한 필요성을 각인시키기 위한 각

종 활동을 펼친다.48)

전 세계에 각 국가에서 소유하고 있는 다양한 기록유산은 많은 부분이 서적이나, 필사본 또는 최근에는 웹사이트, 시청각자료 정보 등 대부분이 동산문화재 또는 전자자료 형태이기 때문에, 다른 유산에 비해서 소실이나 훼손의 위험이 매우 큰 유산 중에 하나이다. 이런 이유로 유네스코 기록유산 국제자문위원회(IAC: International Advisory Committee)가 문제의 심각성을 인식하고, 기록유산을 보존하고, 활용하기 위하여 세계기록유산(Memory of the World)프로그램을 시행하면서 추진되고 있으며, 세계기록유산으로 등재시켜 인류의 공동유산으로 특별하게 관리하고 있다. 따라서 보존방안도 체계적이며, 실제적으로 시행되고 있기 때문에, 동 세계기록유산 프로그램의 보존방안을 살펴보면, 디지털유산 보존방안을 찾는데도 많은 도움이 될 것으로 생각된다.

세계기록유산 프로그램의 목적은 첫째 가장 적절한 기술을 이용해 세계 기록유산의 보존을 용이하게 한다. 이는 직접적인 지원활동을 실제적으로 펼침으로써, 조언 및 정보의 유포, 교육훈련을 권장함으로써, 또는 시기 및 내용 상 적절한 프로젝트와 후원자를 연결시킴으로써 이루어질 수 있다.

---

48) 레이 에드몬슨(Ray Edmondson) 세계기록유산 보존을 위한 일반지침, 유네스코 정보사회부,   2002, 2쪽

둘째 기록유산에 대한 보편적 접근을 지원한다. 이는 기록유산의 내용 및 목록의 디지털화와 이들의 인터넷 서비스 권장, 그리고 서적, CD, DVD 및 기타 제품의 출판 및 유포를 통해 최대한 광범위하며 평등한 접근권을 확보하는 것을 포함한다. 다만, 기록유산에 대한 접근이 그 보호자에게 있어 특정 의미를 지니는 경우, 그리고 기록유산을 보관하고 있는 장소에 대한 접근이 법 등의 규제로 인해 제한될 경우 이를 존중 또는 인정하기로 한다. 토착 공동체가 기록유산의 보호자 역할을 수행하는 등 문화적으로 민감한 부분이 있어 접근을 제한할 경우에도 이를 존중한다. 법적 사유재산권 또한 보장한다.

셋째 기록유산의 존재 및 의미에 대한, 전 세계적 인식을 제고시킨다. 인식제고 활동은 세계기록유산 목록, 대중매체, 홍보 및 정보물 작성을 포함하나, 이에 국한하지는 않는다. 보존과 접근은 그 자체로 상호보완적일 뿐만 아니라 접근수요가 보존 작업을 활성화한다는 면에서 인식제고 효과를 거둘 수 있다. 기록유산 원본의 사용 빈도를 줄이기 위해 별도의 접근용 사본을 작성할 것을 권장한다.

세계기록유산 보존을 위한 일반지침(이하 '지침'이라 한다.)에서는 보존을 다음과 같이 정의하고 있다. 기록유산의 보호에 있어서 가장 중요한 역할을 하는 기본생각은 보존과 접근이다. 일반지침에서는 보존(preservation)이라

함은 기록유산에 대한 영구적 접근을 보장하는 데 필요한 제반 조치를 총칭한다. 이는 원본의 상태가 더 악화되지 않도록 하기 위해, 최소한의 기술적 개입을 통해 취하는 보호조치(conservation)를 포함한다.

아울러 동 지침에서는 보존 상태를 유지하기 위하여 다음과 같이 원칙을 정하고 있다. 신중을 기해서 만든 문서화 및 소장 자료 관리가 보존의 전제 조건이다. 해당 기록유산이 어떤 소재로 만들어졌는지에 따라 개별 소장 자료의 모양 및 내용을 기록하는 형태가 장서목록 내지 소장목록, 혹은 기타 다른 형태로 문서화될 수 있다. 문서화는 수작업이나 전산작업 중 하나로 이루어질 수 있으며 후자가 더 선호되는 방식이다.

둘째 온도, 습도, 조명, 대기오염원, 동물 및 곤충, 물리적 보안 등 보관 환경은 해당 기록유산의 수명을 최대한 극대화할 수 있어야 한다. '이상적' 요건은 기록유산이 어떤 유형의 소재로 구성되어 있는지에 따라 상당히 달라진다. 예를 들어, 종이, 필름, 비디오테이프는 제각기 최적 보관온도 및 습도 요건이 다르다.

셋째 "예방이 치료보다 낫다"는 경구는 기록유산 보존에 있어서는 더욱 자명한 이치로 널리 받아들여지고 있다. 특정 조치 및 기술을 적용해 자연적 악화속도 및 취급 시 발생할 수 있는 잠재 파손정도를 완화하는 편이 복구를 하는 것에 비해 훨씬 낮고 경제적으로도 이익이다.

넷째 원본문서의 보존 및 원형보호는 어떠한 정보도 유실하지 않으며 모든 향후 보존 및 접근 가능성을 열어 둔다는 의미이다. 복제본의 수량과는 관계없이 원본 폐기는 결코 가볍게 다룰 사안이 아니다.

다섯째 내용물 이전 내지 보관형태 변환(문서를 다른 매체에 복제)은 접근성 측면에서 매우 유용하며 때로는 필요한 경우가 많다. 실제로 세계기록유산 프로그램은 보편적 접근성 확보를 위해 문서의 내용을 디지털 매체 및 마이크로필름에 수록할 것과, 원본문서의 빈번한 이용으로 인한 훼손 가능성을 감소시킴으로써 보존성을 제고하고자 복제본의 사용을 권장하고 있다.

여섯째 단시안적인 접근수요 충족을 위해 장기보존 측면을 고려하지 않으려는 유혹이 항상 존재하며, 때로는 정치적 필요성 때문에 이런 상황이 발생하기도 한다. 그러나 이런 위험은 가능하다면 반드시 피해야 한다. 접근을 허용할 수 있는 복제본이 없는 경우에는 단호하게 원본에 대한 접근을 거부하는 편이 복구 불가능한 원본 손상 가능성에 원본을 노출시키는 것보다 나은 전략이다.

일곱째 다양성을 기해야 한다. 기록매체가 다를 경우 보존환경 및 취급, 관리, 보호조치도 다양하게 변화되어야 한다. 종이문서 등 '인간이 읽을 수 있었던' 전통매체가 점차 컴퓨터 디스크, 비디오테이프 등 '기계가 읽을 수 있는' 전자 문서로 대체되어가고 있다. 이런 전자문서의 유지 및 검색은 기술과 밀접하게 관련되어 있어, 기술 발달에 따라 무용지물이 될 가능성 또한 상당히 높다. 따라서 각 전자 매체별로 신중을 기할 필요가 있다. 국제표준, 예를 들어 디지털데이터 이전에 관한 국제표준 등의 확립은 기술 변화 속도에 비해 뒤처져 있는 경우가 대부분이다. 그러나 ISO 및 기타 합의된 표준이 존재하는 경우에는 이를 준수하여야 한다.

여덟째 협력이 필수적이다. 점차 더 복잡해지는 기록 유산 보존 분야에서는 대형기관이라 해도 네트워크 구성을 통해 시설과 전문지식을 공유할 필요가 있다.

아홉째 전통지식, 각 문화마다 고유형태의 기록유산을 효과적으로 보존하는 전통방식이 존재하며, 이는 문화적 특성 및 관습을 반영한다. 이와는 대조적으로 현대적 보존방식은 대개 물질특성 및 상태악화 원인에 대한 과학적 이해에 바탕을 두고 개발되었으며 '서구' 전통에서 기인한다. 각국별로 이런 두 가지 접근 방식을 적절히 결합한 관리계획을 개발할 필요가 있다. 소장 자료를 최적의 상태로 유지하기 위해서는 전통과 현대적 지식이 모두 필요하다.

마지막 보존원칙은 특정 도서관 내지 기록보관소의 전문화 수준은 정부가 해당기관에, 어느 정도의 중요성을 두고 있는지를 판별할 수 있는 지표다. 전문교육은 기본 기술에서 전문 보존지식에 이르는 전 분야를 다룰 필요가 있다. 이런 기준틀이 존재하지 않는다면 기본 문제를 인식할 수 있는 방법이 없을 수도 있다.

이와 같이 10가지의 보존원칙을 통해 기록유산을 보존 관리하고 있다. 세계기록유산으로 등재된 유물들을 최적의 상태로 유지 관리하도록 되어있다. 그러나 아무리 보존을 잘 하더라도 활용할 수 없다면, 의미가 없을 것이다.

보존을 하는 목적은 영구적으로 접근을 가능하게 하고자 함이다. 영구적 접근성 보장을 제외하면 보존은 보존 자체의 목적 외에는 아무런 목적도 가지지 않는다. 세계기록유산 프로그램은 문화적으로 가해지는 제한 및 저작권보호 목적상의 제한을 존중하는 범위에서 모든 기록유산에 대한 보편적이며 민주적인 접근을 권장한다. 그러나 인위적 제한은 인정하지 않는다. 접근성을 완벽하게 확보할 수는 없더라도, 방향은 완벽성을 기하는 쪽으로 나아가야 한다.

이는 UN의 1948년 세계인권선언(Universal Declaration of Human Rights) 및 1966년 시민적·정치적 권리에 관한 국제협약(Convention on Civil and Political Rights)과도 부합한다. 인간은 모두 정체성을 가질 권리를 지니며 따라서 기록유산에 대한 접근권한을 지닌다. 이는 이들 기록유산의 존재 및 소재를 알 권리를 포함한다.

CD-ROM 기술 또한 디지털화된 이미지, 문자 및 그림에 새로운 방식으로 접근할 수 있는 길을 열었다. 인터넷과 마찬가지로 CD-ROM도 접근이 용이하게 되어 있어 산재한 자료를 한데 모을 수 있다. 마스터 CD를 일단 제작하면 동일 CD를 저렴한 비용에 대량 생산하거나 일대일로 복제가 가능하며 우편이나 기타 다른 비전자적 수단을 통해 보급도 가능하다. 세계기록유산 프로그램 자체적으로도 다양한 CD-ROM을 제작했으며 많은 기관에서 이 방식을 이용해 소장 기록유산에 대한 접근성을 제고시키고 있다.

여기서 제시된 CD-ROM같은 매체는 동 지침이 작성되는 시기에는 최신기술이었으나, 현재에는(2018년도) 사용할 수는 있으나, 적합하지 않은 기술로 보인다. 따라서 오늘날에는 인터넷 기술이나 모바일을 이용한 접근이 최적의 방법이 아닌가 생각된다.

결국은 기록유산도 디지털헤리티지와 같이 접근할 수 있다면, 보존할 수 있는 것이라는 원칙이 적용 된다고 할 수 있다. '기록유산 보존을 위한 일반지침'의 내용을 보면 물론 2000년대 초에 작성된 내용이라 기술적인 부분이나 주변기기(매체)에 대한 내용이 시대적인 흐름에 뒤쳐져 구식 같아 보일 수도 있기는 하지만, 동 지침의 보존원칙이나 내용 및 제도적인 부분은 현재에 적용해도 전혀 문제가 없을 것으로 판단된다.

유네스코 기록유산은 홈페이지를 통해(heritage.unesco. or.kr/mows) 세계기록유산들에 대한 목록을 찾아볼 수 있으며, 해당 기록유산에 용이하게 접근할 수 있고, 활용이 가능하다.

나. 유럽연합(EU) 정책

지식기반 사회로의 전환을 꾸준히 준비해온 유럽연합(EU)은 경쟁력 강화를 위해서 지적 자산의 확보가 중요하다는 점을 강조하며 지식정보사회에서의 다양한 디지털콘텐츠 수요를 충족시키기 위한 노력을 해왔다.

이러한 맥락에서 EU는 유럽의 문화 및 학술자원에 대한 접근성을 제고하고, 발전된 형태의 새로운 콘텐츠를 창조, 전달하며, 이를 효과적으로 보존하는데 정보통신기술이 중심적 역할을 할 것이라 기대하고 있다.

지적자산의 정비 및 구축의 일환으로 회원국을 중심으로 첨단 IT를 활용한 문화자원의 디지털화를 추진하고 있다. 더불어 문화유산 자체에 대한 디지털화뿐 아니라 회원국간 문화유산 디지털화와 관련한 정책 및 기술에 대한 표준과 가이드라인을 공유하고 공동협력을 강화하기 위하여 노력하고 있다49). Lund Principles, MINERVA project, Framework Programme, DigiCULT는 이러한 맥락가운데 전개되는 유럽의 문화유산 정책들이다.

---

49) 문화재청, 문화유산 기록화 종합개선계획(안), 2007. 32쪽

1) Lund Principles

1990년대 후반부터 유럽 지역에서는 EU를 중심으로 범 유럽 차원에서 회원국들이 보유하고 있는 문화유산 및 과학자원을 보호하고 보존하는데 디지털화(Digitization)와 같은 발달된 정보통신기술이 좋은 수단이 될 것이며 새로운 교육기회의 제공, 관광산업의 육성, 문화유산으로의 새로운 접근법 제시 등 디지털 경제시대에 새로운 부가가치를 창출할 것으로 예측해왔다.

그리고 디지털화가 문화적, 과학적 자원에 대한 대중적 접근을 개선하고, 유럽의 문화유산을 효과적으로 보존하는 좋은 수단이 되고 있으며 문화적 다양성 및 교육, 콘텐츠 산업의 육성에 기여하는 바가 크다고 평가하였다. 또한 다양한 분야에 걸쳐 디지털화를 적용함으로써 디지털 자원을 다양화하고 풍부하게 할 수 있음을 강조해왔다

EU는 2000년 6월 브뤼셀에서 개최된 Feira 유럽정상회담(European Cou-   ncil)을 통해 "eEurope 2002 Action Plan"을 결의하고 유럽의 우수한 문화적, 과학적 유산의 디지털화를 위한 구체적인 노력을 시작하였다. 1999년 EU가 "전 유럽인들의 정보사회 혜택의 공유"를 목적으로 결의한 "eEurope Initiative"의 실행계획인 "eEurope 2002 Action Plan"은 디지털 기술의 도래가 가져온 새로운 기회를 활용하여 유럽적인 콘텐츠를 전 세계적으로 보급,

확산하는 것을 목적으로 하고 있다.

그러나 "eEurope 2002 Action Plan"과 같은, 디지털화 관련 시도는 회원국 간 디지털화에 대한 접근법의 차이, 부적절한 기술 및 표준의 활용, 지적재산권 문제, 문화와 신기술간 시너지 효과 부족 등으로 인해 그 실행에 한계를 갖고 있다.

이러한 EU 회원국 간 문화적. 정책적 차이를 극복하기 위하여 EU 회원국들 및 유럽집행위원회(European Commission)는 2001년 4월 스웨덴 Lund에서 문화유산 디지털화에 대해 논의하고 회원국 간 협력도모 및 디지털화에 대한 접근법 조율을 목적으로 하는 "Lund Principles" 및 "Lund Action Plan"에 합의하였다.

"Lund Principles"는 문화콘텐츠 및 애플리케이션 분야에서 회원국 간 디지털화 정책 및 프로그램의 조율을 위해 마련된 범 유럽적 메커니즘으로, 문화유산 디지털화 분야에서 지속적 활동을 장려하고 경험을 공유하며, 우수 사례를 선발, 장려, 교류하고 더 나아가 공동표준을 마련하여 범 유럽적 가이드라인 기반을 구축하는 것을 목적으로 한다. 유럽집행위원회는 이를 위하여 조율활동을 지원하고, 디지털화 벤치마킹을 위한 표준 개발을 장려하며, 회원국들을 대상으로 eCulture 기업 모델의 개발 및 콘텐츠 이용가능성 향상을 통해 대중적 인지도 및 접근성을 개선하도록 지원하고 있다.

또한 "Lund Principles"는 회원국들 간 콘텐츠생산 및 사용과 관련한 전략과 합의를 도출하기 위해서는 기술적 이슈에 대한 꾸준한 논의가 이루어져야 하는데, 이때 유럽집행위원회의 역할이 매우 중요함을 강조하고 있다. 특히 디지털화 관련 기술적 이슈에 대한 논의를 지속하기 위해서는 관련 지표 및 통계연구를 통해 정량적 벤치마킹(Quantitative benchmarking) 방법을 개발하여야 한다.

유럽의 디지털화에 대한 연구 및 기술적, 조직적 기반을 지원하기 위한 연구, 유럽적 문화콘텐츠의 활성화에 대한 연구를 수행해야 함을 강조하고 있다. 궁극적으로 EU는 "Lund Principles"의 범 유럽적 적용을 통해 디지털 문화콘텐츠를 창조하고 유럽 전체가 쉽게 접근할 수 있는 상호운용이 가능한 문화포털을 구축하고자 한다. Lund회의에서는 "Lund Action Plan"의 원활한 수행을 위해 EU 회원국의 대표들을 구성원으로 하는 국가대표그룹(National Represen -tative Group, NGR)이 조직되어 6개월마다 정기회의를 개최하고 회원국들의 경험과 사례를 공유해 오고 있다.

NGR은 전 유럽에 걸쳐 디지털화 관련 정책 및 표준을 비교·분석하고 관련 기술 및 콘텐츠에 대한 정보를 수집하는 기능을 수행하고 있다. EU는 NGR의 활동을 통하여 유럽 국가들의 문화유산 디지털화 관련 국내 활동을 조율하고 회원국간 디지털화 수준의 균형을 맞추며 협력을 위한 공동기반을 구축하고자 한다.

2) MINERVA(MInisterial NEtwoRk for Valorizing Activities in digitization) Project

NGR의 활동과 관련하여 EU는 MINERVA(MInisterial NEtwoRk for Valorizing Activities in digitization) 프로젝트를 실행하고 있다.

MINERVA 프로젝트는 회원국 정부 부처간 네트워크를 구축하여 eEurope 및 Lund Action Plan의 원활한 수행을 지원하기 위하여 제안된 프로젝트로, 문화적, 과학적 자원의 디지털화에 대한 범 유럽적으로 합의된 기반이나 가이드라인을 구축하기 위해 회원국들간 네트워크를 활용하여 의견을 교환하고 관련 정책의 조화를 도모하고 있다.

MINERVA 프로젝트는 크게 정치적, 과학적 차원으로 나뉘어 진행되는데, 정치적 차원에서 회원국 간 긴밀한 협력을 보장하고 있으며, 국가수준의 이니셔티브의 가시성을 개선하고 우수사례를 교환하고, 커뮤니티 정책이나 프로그램의 국가적, 지역적 수준에서의 확산과 인지를 보장하고 있다.

기술적 차원에서는 디지털화와 관련한 표준가이드라인 등을 포괄하는 범 유럽적 공동기반의 구축이 고려되고 있다. 구체적으로 MINERVA 프로젝트는 워킹그룹을 구성하여 문화적, 과학적 자원의 디지털화를 개선하고 공동의 기반을 구축하기 위한 정치적, 기술적 기본 틀을 회원국들에게 제공하고 있으며, eEurope initiative 영향력의 확장을 위해 비회원국들의 Lund Principles의 채택을 장려하고 있다.

또한 과학연구 분야의 협력을 도모하기 위하여 국제포럼이나 전자출판 등을 활발히 진행하고, 디지털화 모델, 방법론, 기술, 접근법 등의 평가 메커니즘을 명확하게 하기 위한 Test-bed로써 기능을 하고 있다. 더불어 MINERVA 프로젝트를 통해 개별국가의 디지털화 정책이나 접근법을 상호비교하고 개선할 수 있도록 하며, 새로운 기술의 습득과 기존 자원에 대한 접근을 개선하기 위해 국가수준에서의 교육훈련활동이 강화되고 있다.

MINERVA 프로젝트는 MINERVA EC(MInisterial NEtwoRk for Valorising Activities in digitization, eContentplus)로 확장되어 사업을 진행하고 있다.

MINERVA 프로젝트를 통해서 각국의 모범 사례들을 발굴하였으며, 디지털화에 대한 모범 가이드라인(Good Practi- cal Guidelines)을 만들어 제공하고 있다.

3) DigiCULT (Digital Heritage and Cultural Content)

DigiCULT는 유럽인의 삶에 정보와 커뮤니케이션 기술

(Information and Communication Technologies, 이하 ICT)이 확산될 수 있도록 노력하는 유럽연합의 정보사회기술(Information Society Technologies, 이하 IST)프로그램의 하나이다. 유럽연합의 중앙 및 지방정부, 유럽위원회(Europe- an Commission), 그리고 아카이브, 도서관, 박물관에 종사하는 문화유산의 정책입안자들이 미래의 문화유산관련 정책을 입안할 때 간주하여야 할 중요한 정책대안들을 개념적으로 제시하였다.

지금까지 유럽연합의 각국들은 디지털 문화유산자원을 만드는데 많은 자금을 썼지만 프로그램 차원이기 보다는, 개별적 프로젝트 수준에서 제각각 협력하지 않고 진행되었다. 따라서 DigiCULT는 문화유산의 보존, 엑세스, 가치에 대한 효과적인 정책 없이, 정보사회에서 문화유산의 잠재력이 완전히 현실화 될 수 없다는 문제의식에서 출발하였다.

각국 정부에는 문화유산 정책을 이행할 체계적이고 협력된 정책 수립이 요구된다. 먼저 국가정책의 측면에서, 디지털화에 대한 전략적 접근을 통해 자본의 활용을 최대화하고, 지역 · 소규모 문화유산기관의 연결을 강화하며, 문화자원 접근에 대한 낮은 장벽(low-barrier)정책을 방향으로 하고, 교육을 위한 문화자원의 가치를 함양하며, 지속가능한(sustainable) 문화자원 정책으로 추진할 것을 요구받는다.

다음으로 조직변화의 측면에서, 전문 인력의 인프라를 강화하는 정책을 사용하며, 이용자 및 서비스 중심으로 조직을 전환할 것을 요구한다. 세 번째로 문화유산자원의 활용 및 서비스의 측면에서, 온라인 이용자를 중심으로 디지털콘텐츠를 개발하고, 공동관심 주제를 전략적으로 개발하며, 가상공간 환경을 구축하고, 가입형 (subscription-based) 정보서비스를 제공하는데 주안점을 둔다.

마지막으로 디지털문화유산 기술의 측면에서, 접근이 매끄럽도록(seamless) 유의하며, 대량으로 문화자원을 디지털화하고, 장기보존을 염두에 두며, 태생적-디지털 기술 (born-digital technology)을 이용하고, 문화자원의 지식기술(knowledge technology)을 위한 R&D 사업을 수행할 것을 요구받는다. 뿐만 아니라 DigiCULT는 아카이브, 도서관, 박물관 단위에서의 정책지침도 개념적으로 제시하였다.

DigiCULT 연구 영역에서는 전통 문화유산과 디지털 문화유산 자원 모두를 개발하기 위한 혁신적인 기술 도구와 시스템을 개발하고, 도서관·박물관·아카이브·연구소·대학 등 문화 및 과학 분야의 기관에서 소장한 유물과 디지털자원을 대체할 수 있는 대용품을 개발하였다.

유럽의 현재와 미래에 가치 있는 문화유산 및 과학자원을 기반으로 독특한 지식 및 상업적 이용관점 모두를 충족시키기 위한 DigiCULT의 연구는 유럽의 미래를 위한 자원의 보존과 유럽사회 전역에서 접근 가능한 디지털 기술을 개발하고자 한 것이다. DigiCULT가 포함된 IST활동은 FP5 프로그램 활동의 하나로 eEurope 계획과 디지털화 프로그램의 조직을 책임지게 되었다.

DigiCULT의 FP5 연구주제는 새로운 서비스 및 사회 기반시설의 생산과 문화 및 과학 분야의 디지털자원 네트워크 통합을 위한 유럽의 디지털 도서관 지원방안을 연구하고, 휴대폰이나 디지털기술, 인터넷지원 등을 통해 과학 기술을 사용해본 경험을 토대로 공공영역을 확대하여 학생이나 관광객도 박물관·도서관·아카이브의 문화와 과학 분야를 경험할 수 있도록 하는 것이다. 역사적 환경을 재건하는 것을 기초로 한 교육적 게임, 버추얼 서비스가 포함된 가상현실 및 3D 시각화 등을 통해 보존 및 복원의 새로운 방안을 개발하고, 유럽지역의 문화유산과 삶의 모습을 담기위한 지역의 소통기관인 개인과 기관을 조직할 권한을 받았다.

DigiCULT를 통해 과학과 문화의 디지털자원을 서비스하기 위한 접근 가능성 및 이용이 증대되고, 기관이 소유한 디지털 콘텐츠의 진본성과 무결성을 유지하면서 비용과 안전성을 고려하여 효과적으로 보호하기 위한 방안을 강화하며, 대체가 불가능한 정보, 다시 사용할 수 있는 기회가 있는 정보, 효율적인 지식생산에 기여할 수 있는 정보의 손실을 감소시키고, 유럽지역 디지털도서관과 디지털 보존 연구소의 재건을 통해 연구력을 강화하고 이를 활용하는데 영향을 주는 등의 효과가 나타날 것으로 기대되고 있다.50)

다. 영국의 정책

1) English Heritage

English Heritage는 국립문화재법(The National Heritage Act, 1983년 제정)에 근거하여 1984년 의회에 의해 설립된 국가기구로서, 공식적 명칭은 영국 역사적인 건축물과 기념비위원회(Historic Buildings and Monuments Commission for England)이다. 재정은 문화매체체육부로부터 약 4분의 3의 지원을 받고 나머지는 상업 활동과 기금 모금을 통해 수입을 얻는다. 위원회의 목적은 역사적 기념물의 보존과 강화, 문화유산에 대한 공공적 접근의 확대, 과거에 대한 시민의 이해 증진이다.

영국의 전통문화유산에 대한 관심은 1895년 <The National Trust>를 발족하면서 시작되어, 현재의 전통문화유산보존 사업이 시작되었다. 현재<The National Trust>는 영국에서 가장 큰 개인 토지 소유자이고 유럽에

---

50) 오성환, '문화유산 디지털 콘텐츠의 표준화 방안 연구' 57-63 건국대 석사논문 2013년

서도 가장 큰 민간이 운영하는 전통문화유산보존 단체이며 1983년부터 영국정부산하의 English Heritage를 지원하고 있다. English Heritage는 정부지원금과 역사유적과 건물에서 얻는 이익금으로 운영된다.

영국의 문화유산 행정체계는 문화매체체육부와 전문가로 구성된 비정부 공공기관인 English Heritage에 의해 이루어진다. 잉글랜드는 문화매체체육부 장관이 약 20여개의 국립박물관과 English Heritage의 정책 및 법률, 자금을 책임지고 있으며 장관은 역사건축물과 고대 기념보존법에 대해 잉글랜드 문화유산위원회인 역사건축물 및 기념물위원회의 자문을 받는다. 영국문화유산위원회는 문화부에서 수립하는 정책의 개발과 실행을 담당하고 지역관할기관에 보조금을 지원하는 역할을 담당한다.

English Heritage와 같은 비정부공공기관을 통한 문화재행정의 수행은 두 가지 점에서 장점을 지닌다. 첫째, 문화재 분야의 전문가들이 문화재 정책의 수립과 집행에 직접 관여할 수 있으며, 정권이 변하더라도 직접영향을 받지 않기 때문에 문화재 정책의 전문성과 자율성을 높일수 있다는 점이다. 둘째, 정부는 문화재정책에 필요한 예산배정과 필요한 법률의 제정 및 개정업무만 맡게 되므로 정부조직을 최소화할 수 있는 이점이 있다.

English Heritage의 조직구성 및 기능은 아래와 같으며, 문화유산의 데이터관리 및 표준화관련 업무는

"Information and IT"에서 담당한다. English Heritage의 조직은 전체를 운영하는 위원회(Commission)와 그 아래에 소속되어 운영을 위한 업무를 하는 위원회(committ), 그리고 자문패널(panel) 등이 있다.

위원회는 English Heritage의 이사회를 운영함으로써 정부와 합의하여 정책 및 자원 프레임워크 내에서 조직의 전반적인 전략적 방향을 수립한다. 위원회의 구성원은 기술이나 전문 지식을 하나 이상의 분야에서 전문적인 지위를 갖추어야 하며 국무장관에 의해 임명되고 최대 17명으로 구성된다.

English Heritage는 영국과 영국의 영해에 있는 역사적인 건물과 유적에 대한 DB의 개발 및 관리의 책임이 있으며, 이러한 책임을 위한 주요 활동은 데이터 표준과 데이터 모델의 제작, 관리, 보급과, 공간기술의 응용, 교육과 문서화에 관련된 데이터의 제공이 포함된다. 문화유산의 데이터 관리 및 표준화 관련 업무는 "Information and IT"에서 담당한다.

또한 English Heritage는 문화유산의 보존·관리뿐만 아니라 문화유산에 대한 기록보관기관의 역할도 수행한다. NMR (the National Monuments Record)은 영국의 문화유산의 공식 기록보관소(Archive)이다. 영국의 유적 및 건축물 등의 문화유산 데이터를 개발하고 관리하는 부서로 기록보관소에 1000만 장 이상의 역사적 사진과 건조

물 보고서 및 고고학 보고서, 도면, 역사적 경관과 관련된
기타 기록물들을 보유하고 있다. 데이터를 보관하는 것뿐
만 아니라 데이터 활용을 위한 각종 정보화 표준을 제정
하고 보급한다.

English Heritage는 방대한 문화유산 데이터의 보다 효
율적인 활용을 위해 다양한 분야의 문화유산에 대한 데이
터 표준화를 수행하고 있다. 데이터 표준화를 위해 NMR
시소러스와 가이드를 제공하며, FISH(The Forum on
Information Standards in Heritage)와의 작업을 통해 영
국의 고고학적인 문화유산과 건축학적인 문화유산의 목록
구성에 대한 표준화를 개발해왔으며, 개발의 결과물로
MIDAS(the Monument Inventory Data Standard)와
INSCRIPTION을 만들어 보급하고 있다.

MIDAS는 유물의 특성, 위치 등을 기록하는 정보의
종류를 구성하는 콘텐츠의 표준이며, INSCRIPTION은 목
록을 구성하는 데 이용하기 위해 FISH에 의해 권고된 고
유 용어를 정의한 표준 단어 목록으로 1990년대 이후 국
제적인 인정을 받고 있다.[51]

---

51) 오성환, '문화유산 디지털 콘텐츠의 표준화 방안 연구' 63-66 건국
   대 석사논문 2013년

라. 미국의 정책

미국 국립문서관리기록청(NARA, The National Archives and Records Administration)은 기록관리 환경 변화에 적극적으로 대응하기 위해 국가차원의 기록관리혁 신방안을 수립하였다. 그 결과 기록관리전략계획(NARA's Strategic Plan for Federal Records Management, 이하 전 략계획)이 마련되었고, 2003년6월 기록관리전략수행지침 (NARA's Strategic Directions for Federal Records Management, 이하 전략수행지침)을 수립하였다52).

NARA전략계획의 첫 번째 목적은 "핵심적 증거를 생 산하고, 식별하여 적절한 스케줄을 부여하며 필요한 기간 만큼 관리하는 것"이다. 이러한 목적을 달성하기 위한 주 요 전략은 ① 기록관리법령, 규정, 지침의 현실성, 적절성, 효과를 분석한다. 필요한 경우 법령과 신기술이 연방기록 관리 실무에 미치는 변화를 반영한 새로운 법령, 규정, 지 침들을 제안 ②기록관리에서 "모범 사례(Best Practice)"를 규명하고

이를 더 폭넓게 이용하도록 촉진하며, 혁신적인 교육 프로그램과 정보기술 실험에 협력하고, 대중이 관심을 갖 는 정부기록을 효과적으로 관리하기 위한 정책, 표준, 지 침의 개발 등이다. 또한 전략수행지침은 다양한 포맷의

---

52) 문화재청, 「문화유산 기록화 종합개선계획(안)」, 2007, 36쪽.

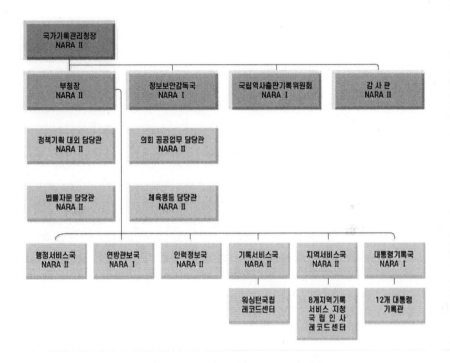

<그림 4-5> 미국 국립문서관리기록청 조직도[54]

전자기록의 생산과 사용 증가에 따른 문제 해결법을 제시
하는 것뿐만 아니라 전략계획의 제1목표를 수행하기 위한
핵심 전략을 제시함을 목표로 하고 있다.

　NARA의 전략계획과 2003년 7월 발표된 연방기록 관
리를 위한 전략수행지침에 제시된 원칙에 따라 각종규정
과 지침을 검토하고 재설계하는 프로젝트를 수행하였고,
그 결과를 2003년 9월 발표하였다. NARA의 전략수행지
침에는 ISO15489와 NARA 기록관리 사업에서 도출된 원
칙을 반영하여 규정을 재구조화하고, 이 규정에 맞게 세

부 지침을 추가하거나 수정할 것을 요청하고 있다.

NARA는 기록관리 규정을 전반적으로 재설계해 주기적으로 갱신하고 있다. 이와 관련된 NARA의 정보자원관리계획(READY ACCESS TO ESSENTIAL EVIDENCE: The Strategic Information Resources Management Plan of the National Archives and Records Administration)은 5차 개정판(2006.9.1)이 발표되었다. 정보자원관리계획에서 제시하는 전략적 목표에 따라 관련규정 및 지침을 만들고 있으며, 디지털 기록화와 관련된 내용은 전자기록관리지침(ERM지침:NARA Electronic Records Management Guidanceon the Web)에서 제공한다. ERM 지침은 기록 관련 조직구조, 보관방법, 기록형태에 따른 디지털화 방법, 웹기록의 관리, 디지털 기록의 보존 방법 등 기록화의 모든 영역에 대한 지침을 제공하고 있다.53)

마. 캐나다 정책

1) CHIN (Canadian Heritage Information Network)

캐나다 문화유산 정보 네트워크(Canadian Heritage Information Network 이하 CHIN)는 캐나다의 문화유산

---

53) 오성환, '문화유산 디지털 콘텐츠의 표준화 방안 연구' 67-68 건국대 석사논문 2013년

을 국내는 물론 전 세계의 사람들이 접할 수 있도록 디지털 문화유산 콘텐츠의 개발, 프레젠테이션 및 보존을 증진시키기 위해 설립된 기관이다.

CHIN의 비전은 전 세계인에게 캐나다의 문화유산을 연결시켜 주는 것으로 캐나다인들의 현재와 미래 세대들을 위하여 디지털 문화유산 콘텐츠의 개발, 재현과 보존을 지향하는 것이다.

1970년대 초반 국립박물관 정책은 캐나다의 공공기관으로부터 문화와 과학 컬렉션의 인벤토리 생성을 제시하였고, 이러한 요구에 따라 문화유산부의 장관은 국가 정책, 캐나다인의 정체성과 가치와 관계된 프로젝트와 프로그램, 문화 개발, 유산과 국민에게 국가적으로나 역사적으로 중요한 지역을 착수, 권고, 조정, 시행, 촉진해야 할 의무가 있음으로써 국가인벤토리 프로그램(National Inventory Programme, NIP)으로 CHIN을 설립하게 되었다.

이후 거대한 인터넷 웹을 통하여 캐나다의 문화유산을 위한 네트워크화 된 인터페이스를 제공하는 정부 지원 조직으로 발전하게 되었으며, 현재 ICOM으로부터 지원을 받고 있다.

1996년 정보사회 건설: 21세기 움직이는 캐나다(Building the information society : Moving Canada into the 21st Century)라는 국가 정보화계획을 수립하고 4개의 실행계획 중 콘텐츠 확충의 일환으로 디지털화에 대한 태스크 포스를 구성하여 디지털화 자료의 선정, 디지털화 자금지원, 수익창출, 탐색도구, 표준연계, 저작권보호, 협력문제 등에 대한 전략을 제시하였다.

CHIN은 4가지 측면의 우선순위를 고려하여 과업을 추진하고 있다. 첫 번째 기술개발이다. 캐나다의 디지털 문화유산 콘텐츠를 편리하고 효과적으로 이용할 수 있도록 디지털 콘텐츠를 생성하고, 프레젠테이션하고, 관리 및 보존하는 것에 관해 문화유산 커뮤니티의 지식과 능력을 강화하려 한다. 온라인상에서 400만 여개의 박물관 소장품들의 목록, 데이터사전, 연구 및 참고도구, 지적재산권, 디지털콘텐츠, 컬렉션관리 및 표준에 관한 출판물, 이미지 디지털화와 자동화된 컬렉션 관리시스템의 교육, 전문적인 행사 등에 관한 정보들을 이용하게 하려 한다.

두 번째는 문화유산 콘텐츠의 접근과 이용의 개선이다. 문화유산 콘텐츠의 접근과 이용의 개선을 위해 문화유산 콘텐츠를 교육에서 활용하도록 하고, 가상박물관(VMC: Virtual Museum of Canada)등의 디지털 콘텐츠를 제시하여 그 활용을 위한 기술을 연구·개발한다. 이 과정은 교육, 출판, 도서관, 뉴미디어분야는 물론 박물관 협회의 편집위원회에 의해 다각적 검토가 이루어진다.

세 번째는 공공의 이용과 참여다. 이용자들의 다양한 요구사항을 분석하여 효과적인 커뮤니케이션 전략을 제시하고 있다. 이와 관련해 국내·외의 기술적 산업적 동향을 분석·연구하고 그 연구내용을 발행하여 문화유산의 정보관리를 개선하고 지식생산자와 분배자들을 위한 여러 조건들을 최적화하며, 개선된 업무의 박물관 적용을 유도한다.

마지막으로 국제적 이용이다. 캐나다의 문화유산을 전 세계인들이 접하고 이용할 수 있도록 국제적인 협력 사업을 추진한다. 이를 위해 많은 회원들 에게 그들의 공동 관심사와 관련된 워크숍 및 회의에 참석하도록 하고, 문화유산 전문가들이, 그들의 전문성을 높일 수 있는 회의나 행사에 참여하도록 한다. 국제적으로 지적재산권, 온라인 이용자, 신기술 및 디지털 콘텐츠와 관련하여 공동연구 프로그램을 추진하고, 박물관 자료의 표준화를 위한 노력에 곁들여 전 세계 정보자원교류에 필요한 정보형태와 기술프로토콜에 참여하고 있다.

CHIN의 특징은 캐나다의 박물관들과 관계를 맺어 캐나다의 디지털 문화유산콘텐츠를 생산, 관리, 재현과 보존을 양성하는 제품과 서비스의 개발을 선도하는 것, CHIN의 공동연구 활동에 의한 형성된 기술 개발 자원-표준화된 문서, 자동화된 소장품 관리시스템, 온라인 마케팅 및 이미지 디지털화, 연계활용 검색, 서지학, 데이터 사전, 참고 데이터베이스, 지적재산권과 소장품 관리에 관한 출판물, 보고서와 연구, 모범 사례-을 제공하는 것, 캐나다의 가상 박물관(Virtual Museum of Canada, 이하 VMC)을 통한 서비스 범위의 확장 및 캐나다 국민들에게 제공캐나다 유물을 통한 컬렉션 기록의 탐색 및 공유 등이 있다54).

CHIN의 조직도는 다음과 같다. 기관장(Director General)은 CHIN의 최고운영책임자(Chief Operating Officer, COO)로서 매일 행해지는 관리의 철저한 보장과 장기보존 전략 방향을 제공하기 위한 책임을 진다. 법률 고문(Legal Counsel to CHIN, Justice Canada)은 지적재산권, 연구, 발행물, 저작권 정책수립, 부서 정책과 계획 발의 등 CHIN과 관련된 법률문제에 책임을 진다.

프로그램개발 이사회(Program Development Directorate)는 CHIN WEB Site에 제공하는 생산(product) 및 서비스 작업을 총괄한다. IM/IT 해결이사회(IM/IT Solutions Directorate) CHIN의 팀 활동을 지원하는 정보와 기술기반구조 분야를 담당하며 재정 및 행정 서비스 이사회(Finance and Administration Services Directorate)는 CHIN의 회원에게 서비스를 제공하는 것뿐만 아니라 내부적으로 직원과 계약직 사원에게 제공하는 서비스 지원을 담당한다.55)

---

54) 문화재청, 「문화유산 기록정보자원 관리체계 합리화 방안 연구」, 2010, 394쪽.
55) 오성환, '문화유산 디지털 콘텐츠의 표준화 방안 연구' 72-76 건국대 석사논문 2013년

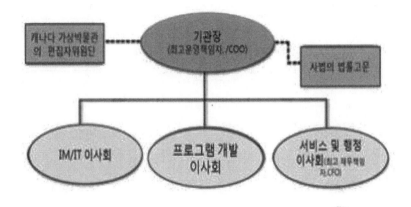

<그림 4-6> CHIN의 책임자 관리위원회

마. 해외 디지털헤리티지 적용현황

유네스코 세계기록유산 등재제도는 디지털유산 보존을 위한 실제 실행되고 있는 국제적인 제도이기 때문에, 디지털유산 보존에 관한 제도적인 모범 사례가 될 수 있다. 세계기록유산은 영향력, 시간, 장소, 인물, 주제, 형태, 사회적 가치, 보존상태, 희귀성 등을 기준으로 선정된다. 유네스코 세계기록유산 등재를 위한 주요기준은 첫째가 유산의 진정성(Authenticity)이다, 둘째는 독창적(Unique)이고 비(非)대체적(Irreplaceable)인 유산이어야 한다.

세 번째는 세계적 관점에서 유산이 가지는 중요성. 즉, 한 지역이 아닌 세계적으로 어떠한 영향을 끼쳤는지 여부이다. 그리고 5가지 요소(시간, 장소, 사람, 대상/주제, 형태 및 스타일)들 중에 반드시 한 가지 이상으로 그 중요성을 증명할 수 있어야한다.

세계기록유산 보존을 위한 일반지침에서는 문서화 원칙 등 10가지의 보존원칙을 통해 기록유산을 보존관리하고 있다. 세계기록유산으로 등재된 유물들을 최적의 상태로 유지 관리하도록 되어있다. 그러나 아무리 보존을 잘 하더라도 활용할 수 없다면, 의미가 없을 것이다. 보존을 하는 목적은 영구적으로 접근을 가능하게 하고자 함이다. 영구적 접근성 보장을 제외하면 보존은 보존 자체의 목적 외에는 아무런 목적도 가지지 않는다.56).

세계기록유산 보존을 위한 지침에서도 역시 기록유산을 가장 잘 보존하는 방법은 활용이다. 즉 접근성이 확보되지 않는다면 보존되지 못한 것으로 생각하는 것이 세계기록유산 보존의 원칙임을 알 수 있다. 또한 저작권 보호와 관련해서도 지적재산권을 존중하는 범위에서 기록유산에 접근하는 것을 권장하고 있다.

해외의 경우는 각국의 문화유산 디지털화 사업 추진시 세부적인 디지털화 관련 제도 등에 대한 적용 사항들을 속속들이 파악하기는 어렵지만, 각국의 문화유산 디지털화 정책들을 조사하여 각국이 추구하는 디지털화 방향

---

56) 레이 에드몬슨(Ray Edmondson) 세계기록유산 보존을 위한 일반지침, 유네스코 정보사회부,   2002, 2쪽

및 내용 등을 통하여 나아가고자 하는 정책방향을 알아볼 수 있었다. 유럽연합의 미네르바 프로젝트나, 영국의 English Heritage의 경우 표준화 위원회를 두고 공식 아카이브(NMR)를 운영하는 경우 등을 알아볼 수 있으며, '전자기록지침'을 통하여 디지털자료의 보관방법, 기록의 형태 등 디지털화 방법을 세부적으로 정의하여 지침으로 제공하고 있다. 캐나다의 경우는 캐나다 문화유산정보네트워크(CHIN)을 통하여 전 세계인에게 캐나다의 문화유산을 연결시켜주는 정책으로, 기술개발, 콘텐츠, 접근과 이용개선 등 4가지의 우선적인 정책을 정해서 추진하고 있다.

9. 문화유산속의 디지털헤리티지는?

가. 문화유산의 정의

문화유산이라는 용어는 우리나라에서는 문화재(文化財)라는 용어와 혼용되어 많이 사용되고 있다. '문화재'라는 용어는 영국에서 산업혁명 이후에 자연의 파괴와 역사적 문화유산의 손상 및 소멸을 우려하여, 이를 보호하기 위한, 자연 및 문화유산 보호운동의 과정에서 나타난 정책적 개념이고, 근대 자본주의적 재화의식을 바탕으로 한

근대적 개념이다.

우리나라는 1950년대까지 문화재란 용어 자체가 쓰여지지 않았고 보물, 고적, 명승 또는 유물, 유적 등의 용어가 쓰이다가, 일본의 문화재보호법 입안과정에서 '문화재'란 용어가 사용되었다. 우리나라도 일본의 문화재보호법 제정을 계기로 이를 수용하여 학계나 행정기관에서 사용하다가, 1962년 1월10일 문화재보호법 제정을 계기로 공식적인 용어가 되었다.[57]

문화재보호법에서는 문화재의 개념은 "문화재"란 인위적이거나 자연적으로 형성된 국가적·민족적 또는 세계적 유산으로서 역사적·예술적·학술적 또는 경관적 가치가 큰 것을 말한다. 관련 주요 기관인 문화재청의 경우, 정신적 가치를 지닌 한민족 공동체의 산물이자 역사와 전통문화를 이해할 수 있는 유산으로 문화재를 정의한다. 연구자들의 용어정의도 이와 비슷한 것을 발견할 수 있다. 역사적 · 예술적 · 학술적 가치가 큰 선조의 문화 활동의 산물이기 때문에 후손에게 물려주어야 하는 소중한 문화적 자산, 혹은 인류의 지적 활동의 산물("문화")과 전승되어야 할 지속적 가치를 지닌 문화 산물("유산")이라는 의미를 동시에 내포한 용어로 정의하고 있다.[58]

---

57) 문화유산포럼 '99 보고서, 문화재청·문화유산포럼 1999년도 김홍렬 78쪽
58) 오성환, '문화유산 디지털 콘텐츠의 표준화 방안 연구' 건국대 석사논문 2013년

문화재보호법 제2조(정의)에는 문화재에 대한 정의와 함께, 문화재의 성격에 따라 유형문화재, 무형문화재, 기념물, 민속문화재 등 4가지 유형으로 구분하고, '유형문화재'란 건조물, 전적(典籍), 서적(書跡), 고문서, 회화, 조각, 공예품 등 유형의 문화적 소산으로서 역사적·예술적 또는 학술적 가치가 큰 것과 이에 준하는 고고자료를 뜻한다. 한편 연극, 음악, 무용, 놀이, 의식, 공예기술 등 무형의 문화적 소산으로서 역사적·예술적 또는 학술적 가치가 큰 것은 '무형문화재'로 통칭한다.

'기념물'이란 ① 절터, 옛무덤, 조개무덤, 성터, 궁터, 가마터, 유물포함층 등의 사적지와 특별히 기념이 될 만한 시설물로서 역사적·학술적 가치가 큰 것 ② 경치 좋은 곳으로서 예술적 가치가 크고 경관이 뛰어난 것 ③ 동물(서식지, 번식지, 도래지 포함), 식물(자생지 포함), 지형, 지질, 광물, 동굴, 생물학적 생성물 또는 특별한 자연현상으로서 역사적·경관적 또는 학술적 가치가 큰 것에 해당되는 것 등 3가지 분야에 해당되는 것들이다. 이와 달리, 의식주, 생업, 신앙, 연중행사 등에 관한 풍속이나 관습과 이에 사용되는 의복, 기구, 가옥 등으로서 국민생활의 변화를 이해하는 데 반드시 필요한 것은 '민속문화재'라 부른다.

이 외에 지정 주체에 따라 문화재의 종류를 구분할 수 있다59). '국가지정문화재'는 문화재청장이 지정하는 문화재로, 유형문화재, 무형문화재, 기념물, 민속자료 중 중요한 것을 문화재위원회의 심의를 거쳐 지정한다.

국가지정문화재의 유형으로는 국보,보물(유형문화재), 중요무형문화재(무형문화재), 사적, 명승, 사적및명승, 천연기념물(기념물), 중요민속자료(민속자료)가 있다.

'시·도지정문화재'는 특별시장 · 광역시장 · 도지사 또는 특별자치도지사가 지정하는 문화재로, 보존가치가 있다고 인정되는 것을 시·도지정유형문화재, 시·도지정무형문화재, 시·도지정기념물, 시·도지정민속자료로 구분하여 지정할 수 있다. '문화재자료'는 지정문화재가 되지 않은 문화재 중 향토문화의 보존상 필요하다고 인정되는 것을 시·도지사가 지정하는 경우이다. 이 외에도 지정문화재가 아닌 문화재 중에서 문화재청장이 등록한 문화재인 '등록문화재', 국외로 반출되어 현재 대한민국의 영토 밖에 소재하는 문화재인 '국외소재문화재' 등이 있다.

나. 문화유산 디지털 정보의 특성

문화유산은 한 민족의 역사와 문화의 산물로, 그 민족 특유의 고유성이 강하게 드러남과 동시에, 누구나 공감할 수 있는 전 인류적 보편성도 함께 지니고 있다. 따라서

---

59) 백주현 · 김순희, 「시·도지정무형문화재 기록화 현황 및 개선 방안 연구」, 『한국기록관리학회지』 제 10권 1호, 2010.

문화유산은 우리문화의 정수이며, 정체성이 가장 확실한 문화코드이기도 하다.

문화유산 디지털화로 생산되는 문화유산 디지털 정보는 국가의 장벽을 넘어 통용되는 문화콘텐츠 산업의 주요 재료로 활용되고 있다. 지금까지 진행된 문화유산의 디지털화는 문서고 등에 보관중인 고문서나 종이문서 등을 DB화하거나, 수장고에 쌓여있는 유물 등을 찾아내어 수집 정리하고, 디지털화를 통해 데이터베이스화 하거나, 또는 서지정보나, 사진 등을 수집하여 DB화하는 것 등이 대표적인 형태였다. 이렇게 구축된 DB정보를, 문화재 보존 관리업무에 활용하고, 인터넷 홈페이지나 포털 등 전문사이트에 올려 일반 국민에게 제공하는 방식이었다.

그러나 지금까지 구축되었던 문화유산 디지털화 사업이 문화재의 가상복원이나, DB구축을 주요 목적으로 하였기 때문에, 디지털화 결과물을 활용하는 방안에 대한 세부적인 논의는 미흡한 편이었다. 또한 문화유산 디지털화 사업이 각 기관 단위의 소장품을 중심으로 이루어져 수행기관별로 정보의 내용이 다르거나, 서비스 수준이 큰 편차를 보이는 문제가 발생하고 있다. 문화유산 디지털 정보를 통합하고, 더 높은 수준의 정보를 제공하기 위하여 국가문화유산포털 등 통합시스템이 구축되었고, 인터넷 을 통해 서비스를 추진하고 있으나, 디지털 정보를 제공하는 각 기관에서 서로 다른 표준과 품질의 정보를 제공해, 이용자에게 쉽고 통일성 있는 문화유산 디지털 콘텐츠를 제공하는 데 어려움을 겪고 있다.

이러한 정보들을 활용하는데도 많은 제약이 따른다. 우선 품질의 불균형 문제가 일어난다. 구축과정 및 구축방식 등의 차이 때문에 구축된 결과물들 사이에 질적 격차가 나타나게 된다. 예산 등의 원인으로 인해 사용하지 못할 정도로 제작되는 문화유산 디지털 정보가 발견되기도 하였다.

또한 파일유형 및 파일 명칭 등이 디지털정보를 생산하는 기관마다 제각각이어서 호환성이 없고, 디지털정보 재사용이 어렵고, 자료검색 또한 쉽지 않다. 파일의 내용을 열어볼 경우에도 파일포맷이 다를 경우 다양한 뷰어가 필요하며, 뷰어가 없는 경우 파일사용이 불가능한 경우도 발생한다.[60]

따라서 지금까지 구축된 문화유산 디지털 정보들의 자료 호환성이 매우 낮으며, 디지털 콘텐츠를 장기적으로 보존하기 위해 많은 비용이 소모된다는 점이다. 이러한 문제들은 문화유산 디지털 정보의 생산단계에서부터 활용 및 보존단계에 이르기까지 통합적인 디지털 정보에 대한 일정한 기준이나, 표준지침 마련 등 제도화가 매우 미흡하였다.

---

60) 오성환, '문화유산 디지털 콘텐츠의 표준화 방안 연구' 건국대 석사논문 2013년

이러한 이유로 문화유산 디지털정보는 생산되는 정보의 차이, 기관 간의 정보공유의 어려움, 일반인에 대한 접근성이 낮아 활용도 미흡 등의 문제는 물론 생산된 중요정보의 영구보존 문제가 대두되고 있다.

우리나라에서 추진된 문화유산 디지털화 현황은 주로 정부기관이 중심이 되어 주도적으로 추진하였다. 문화체육관광부, 문화재청, 한국콘텐츠진흥원을 중심으로 문화자원의 디지털화가 이루어지었다.

먼저 문화재청이 중심이 되어 추진된 국가문화유산종합정보시스템 구축사업은 전국 각 기관에 산재된 국가문화유산을 지식정보데이터베이스로 통합 구축해서 웹을 통해 온라인으로 서비스하는데 중점을 두고 있다. 문화재청, 국립중앙박물관, 국립민속박물관을 비롯한 전국 국·공사립·대학박물관 등 104개 기관들이 소장한 문화재 및 소장유물 정보 등을 데이터베이스화하고 통합서비스 시스템인 국가문화유산포털사이트(www.heritage.go.kr)를 구축했다.

다음으로 문화재청은 2005년 국가지정 고도서와 고문서를 중심으로 국가기록유산포털 (www.memorykorea.go..kr)을 구축하였는데, 국민 누구나 국가지정문화재로 지정된 역사적 기록물들을 열람하고 검색할 수 있는 원문정보서비스 시스템이다.

이어서 문화재원형기록정보 통합DB시스템을 구축하였

는데, 1999년부터 최근까지 약 570건의 국가지정 유형문화재를 중심으로 문화재의 훼손이나 화재 등으로 소실시 원형대로 보수하거나 복원하기 위하여, 목조문화재 등을 3차원 레이저스캐너 등 첨단기술을 활용하여 실측한 후 디지털자원으로 보존하기 위한 사업을 추진하였다.

마지막으로 한국콘텐츠진흥원이 2002년부터 2009년까지 고조선부터 20세기 근대까지 시대와 소재별로 170여 건의 사업을 진행했다. 이는 문화유산의 디지털 콘텐츠화를 통해 창작소재를 제공하기 위한 것으로, 영화, KBS 역사스페셜, 중·고등학교 역사교과서 등 여러 분야에 걸쳐 디지털 콘텐츠를 활용하려는 것이었다.[61]

이와 같이 2000년대 초부터 정부의 지식정보화사업이라는 명칭으로 활발하게 진행되어 오던 문화유산 디지털화 사업은, 최근 들어 사업규모나 내용이 급격하게 줄어들고 있다. 고도서 고문서 등 아날로그자료의 디지털화 추진은 어느 정도 마무리 되어가고 있음을 알 수 있다.

다만 디지털화된 아날로그정보의 영구보존 및 활용방안이나, 처음부터 디지털로 생산된(born-digital) 정보의 수집 및 정보에 대한 접근성문제, 저작권과 영구보존관리 문제가 새로운 관심사항으로 자리 잡아 가고 있다.

---

61) 강순애, 「세계기록유산 고려대장경 및 제경판의 디지털화와 대중화,」 『한국비블리아학회지』 제 22권 1호, 2011.

다. 문화유산 디지털화 정책 제도화 수준

문화유산 디지털화와 관련된 제도나 정책적인 부분은 상당히 늦게 추진되었다. 문화재나 유물에 대한 디지털화가 먼저 이루어지고 제도적인 부분이 뒤따라가는 형태로 제도가 필요에 의해 만들어진 것이다. 일이 먼저 시작되고 문제 발생에 따른 규정이나 제도가 보완되는 그런 아주 바람직하지 않은 모습이었다.

인터넷이 활성화 되면서 경쟁적으로 홈페이지를 통해

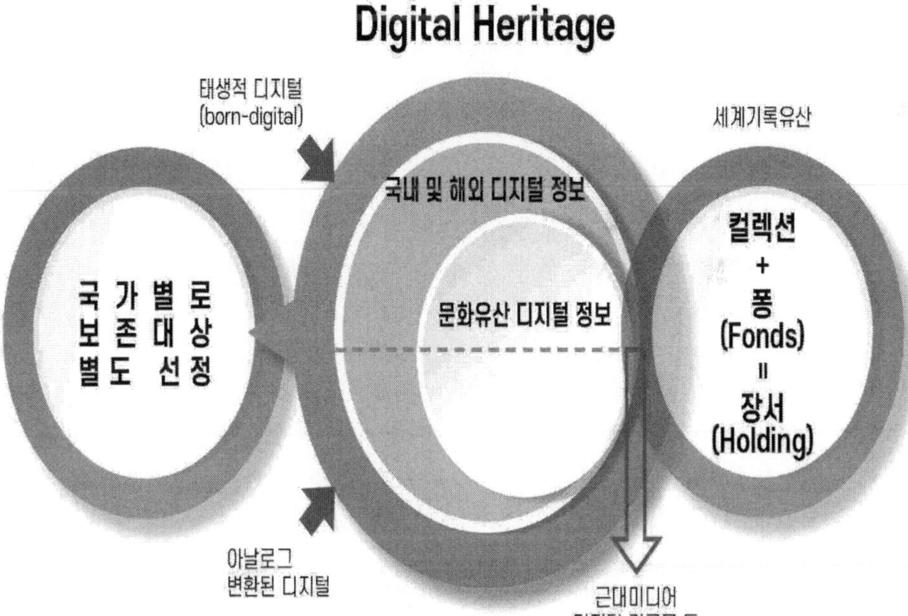

<그림 5-1> 문화유산 디지털 정보 연관도

기관을 알리고 홍보하기 위하여 디지털화가 시작되고 정보화사업이 추진되었다. 물론 그 덕분에 디지털화가 어려운, 문화유산 분야에 디지털이 도입된 긍정적인 측면도 있지만, 그러다 보니 디지털 보존이나, 업무정보화 등은 후순위로 밀려나는 현상이 나타나기도 했다.

문화유산 디지털화에 대한 제도적인 내용이 드러나는 규정은 먼저 문화재보호법이다. 문화재보호법은 우리나라 문화유산을 체계적으로 보존하기 위하여 재정된 법령이다. 동 법에는 문화재에 대한 정의부터 지정, 관리, 활용 등의 내용이 규정되어 있다.

문화유산 디지털화와 관련된 조항은 제6조 문화재청장은 시·도지사와의 협의를 거쳐 문화재의 보존·관리 및 활용을 위하여 다음 각 호의 사항이 포함된 종합적인 기본계획(이하 "문화재기본계획"이라 한다)을 5년마다 수립하여야 한다. 라고 규정하고, 그 6호에 5년마다 문화재기본계획 수립 시 문화재 기록에 대한 정보화 계획도 함께 수립될 수 있도록 하였다.

또한 제11조 제1항에서는 제10조에 따른 조사 자료와 그 밖의 문화재 보존·관리에 필요한 자료를 효율적으로 활용하고, 국민이 문화재 정보에 쉽게 접근하고 이용할 수 있도록 문화재정보체계를 구축·운영하여야 한다. 라고 하여 동법에서 가장 정보화와 디지털화에 대한 내용이 제대로 규정되어 있는 조항이다. 문화재에 대한 기초자료에 대한 수집 및 활용, 대국민 공개에 따른 정보 접근방법까지 자세히 규정 하고 있다.

또한 제2항에서는 제1항에 따른 문화재정보체계 구축을 위하여 관계 중앙행정기관의 장 및 지방자치단체의 장과 박물관·연구소 등 관련법인 및 단체의 장에게 필요한 자료의 제출을 요청할 수 있다. 이 경우 요청을 받은 자는 특별한 사유가 없으면 이에 따라야 한다. 라고 규정하여 문화유산 정보체계를 구축하기 위하여 협력해야할 기관 및 단체의 범위를 정확하게 규정하고 있다.

제3항에서는 제2항에 따라 필요한 자료의 제출을 요청하는 경우 관계 중앙행정기관의 장 및 지방자치단체의 장 이외의 자에 대하여는 정당한 대가를 지급할 수 있다. 라고 하여 자료의 저작권 권리행사에 따라 발생하는 비용의 문제까지를 다룰 수 있는 근거를 마련하여 두고 있다. 또 제4항에서는 제1항에 따른 문화재정보체계의 구축 범위·운영절차 및 그 밖에 필요한 사항은 대통령령으로 정한다. 라고 규정하여 정보시스템 구축에 따른 세부적인 사항은 문화재보호법 시행령에 그 내용 및 절차를 규정하도록 하고 있다.

또한 제14조에서는 문화재 안전관리와 관련하여 방재정보구축에 대하여 규정하고 있다. 제14조의6 제1항은 화재등 문화재 피해에 대하여 효과적으로 대응하기 위하여 문화재 방재 관련 정보를 정기적으로 수집하여 이를 데이

터베이스화하여 구축·관리하여야 한다. 이 경우 문화재청
장은 구축된 정보가 항상 최신으로 유지될 수 있도록 하
여야 한다.62) 라고 규정하여 문화재 안전관리 정보 DB에
대한 근거조항을 두고 있으며, 정보의 최신정보 업데이트
문제까지를 규정하고 있다.

이와 같이 문화재 정보화 및 디지털화 관련 법 조항이
규정되어 있으며, 이러한 조항들은 최근에 많이 신설되어
제도적인 내용들이 보완되고 있음을 알 수 있다.

문화유산에 관련된 제도적인 내용 중 문화재보호법 시
행령에 규정된 내용을 살펴보면 다음과 같다. 먼저 동법
시행령 제7조에 문화재보호법 제6조에 따른 문화재정보체
계 구축 범위 및 운영 등을 규정하고 있다. 제7조 제1하
에서는 법 제11조제1항에 따른 문화재정보체계의 구축 범
위를 다음과 같이 정하고 있다.

1. 문화재의 명칭, 소재지, 소유자 등이 포함된 기본
   현황자료

2. 문화재의 보존·관리 및 활용에 관한 자료

3. 문화재 조사·발굴 및 연구 자료

4. 사진, 도면, 동영상 등 해당 문화재의 이해에 도움
   이 되는 자료

5. 그 밖에 문화재 정보가치가 있는 자료로서 문화재
   청장이 필요하다고 인정하는 사항이라고 규정하여

---

62) 문화재보호법 [법률 제15065호, 2017.11.28, 일부개정]

정보시스템 구축에 따른 세부적인 정보의 수집 및 구축범위를 제시하고 있다.

제2항에서는 제1항 각 호의 자료를 전자정보, 책자 등의 형태로 구축하고, 문화재 정보의 효율적인 활용을 위하여 그 구축한 내용을 문화재청 자료관이나 인터넷 홈페이지 등을 통하여 국민에게 제공할 수 있다. 제2항에서는 정보구축 형태 및 활용에 대한 부분까지 규정하여, 구축된 정보의 활용부분까지 관심을 가지고 있다.

또한 동법 14조6항에 따른 시행령에서는 문화재 방재 정보 구축에 따른 세부 구축내용에 대하여 규정하고 있다. 동법 시행령 제8조의2 제1항에서는 법 제14조의6 제1항에 따라 문화재청장이 구축·관리하여야 하는 문화재 방재 관련 정보의 범위는 다음과 같다.

1. 문화재 방재 시설의 종류 및 수량
2. 문화재 방재 시설의 사용 교육 및 훈련 현황
3. 문화재 안전관리 인력 현황
4. 그 밖에 화재등 문화재 피해에 효과적으로 대응하기 위하여 필요한 정보로서 문화재청장이 정하는 정보로 규정하고 있으며, 문화재 안전관리와 관련된 방재시설, 교육 훈련, 인력 등에 대한 정보를 구축하여 화재 등 비상시에 활용할 수 있는 필요한 정보들을 구축범위로 정하고 있다.

제2항에서는 구축형태 및 활용범위 등을 규정하고 있다. 제1항 각 호의 정보를 전자정보의 형태로 구축하고, 지방자치단체의 장이 공동으로 활용할 수 있도록 하여야 한다.63) 라고 규정하여 지자체까지 활용할 수 있는 전자화된 형태의 최신 정보를 만들어 활용할 수 있도록 하고 있다.

이와 같이 문화재보호법의 문화유산 디지털관련 내용은 문화재 기초자료 수집 및 관리에 한정되어 있으며, 체계적으로 제도화 되지 못하고, 업무 필요에 의해서 중간중간에 삽입되어 있는 형태이다. 따라서 제도화내용도 일관성이 없으며, 특히 디지털유산 보존관련 정책이나 제도는 전혀 고려되지 못하고 있는 형편이다.

10. 디지털헤리티지 & 문화유산 디지털정책 비교

우리는 디지털유산 보존과 관련 된 유네스코의 정책들을 살펴보고, 컴퓨터기반 시각화를 위한 '런던헌장'에 대한 내용도 조사하여 보았다. 그리고 국립중앙도서관, 박물관 등 국내현황 및 사례도 조사하였고, 해외 디지털화 정책현황도 살펴보았다. 또한 문화유산 디지털관련 제도화현황을 문화재보호법 및 시행령 등을 대상으로 조사 분석

---

63) 문화재보호법 시행령 [대통령령 제28685호, 2018.2.27, 일부개정]

해 보았다.

지금까지 발표된 '디지털헤리티지 보존에 관한 유네스코 헌장' 등 유네스코 정책들을 전체적으로 분석하고 종합하여, 공통된 내용 및 문화유산 디지털보존에 반드시 필요한 내용들을 담아서 핵심 키워드를 도출해 보았다. 이렇게 만들어진 내용들을 중심축으로, 문화유산 디지털 보존정책과 관련 된 제도화 현황과 비교하여 현재의 문화유산 디지털보존 정책에서 나타난 문제점들을 도출해 보고자 하였다.

우선 유네스코 디지털헤리티지관련 정책 및 런던헌장 등 국제적으로 회원국들과의 합의를 통해 발표된 정책들을 6개의 항목으로 대분류하고, 이것을 다시 핵심키워드를 뽑아내어 '디지털유산의 범위' 등 15개의 항목으로 중분류 하였다. 여기에 추출된 항목들의 신뢰성을 더하기 위하여, 유네스코 정책들의 관련내용을 각 중분류 단위로 기술하였고, 각 내용들이 포함된 관련 근거조항들을 일일이 찾아내어 첨부하였다.

이렇게 분석되어 도표화된 내용들에 문화유산 디지털 정책 제도화 내용 중에서 해당되는 내용이 있는 항목들을 대입시켜 보았다. 그 결과 총 15개의 중분류 항목 중 전혀 해당되는 내용이 없는 항목이 8개 항목이나 되었다. 전체 항목 중 50%가 넘는 숫자이다.

문화유산 디지털 관련 제도화가 유네스코 정책의 필수

조건에 전혀 부합되지 않게 제도화가 추진되고 있다고 볼 수 있다. 해당사항이 없는 항목은 디지털유산의 범위, 접근성 유지, 디지털유산의 상실위협, 진본성 유지, 전략과 정책개발, 지속적인투자, 기술적인조치 사항, 역할과 책임 이렇게 총 8가지이다.

'디지털유산의 범위'의 경우 문화유산 제도화 부분에서는 각 사업별 또는 각 목적별 범위는 정의하고 있지만, 디지털 보존 차원의 총괄적인 범위는 정의하지 못하고 있다. 이는 국가차원의 총괄적인 디지털보존 정책의 부재가 원인이다.

두 번째 '접근성 유지' 부분은 벤쿠버 헌장에서 지적했듯이, 많은 자료가 처음부터 디지털로 생산되고 있으나, 그것의 영구적인 접근성 및 시간과 기술 변화를 견딜 수 있는 정확하고 공신력 있는 보존 수단은 고려되지 않고 있다. 특히 접근성 유지에 관한 내용은 유네스코 디지털 보존정책에서 가장 중요한 것으로 판단하고 있는데, 우리나라 디지털화 정책에서는 이를 간과하고 있다.

세 번째 디지털유산의 '상실위협'은 디지털정보를 담고 있는 하드웨어 및 소프트웨어의 사용기간이 유한한 것을 지적하는 것으로, 디지털유산 보존의 가장 중요한 요소인데, 이에 대한 제도화 내용이 많이 포함되지 못하고 있다. 이는 예산이 수반되는 사항이기 때문에, 법적 의무화를 못하고 있는 것이다. 그렇지만 디지털유산 보존을 위해서는 가장 중요한 요소이기 때문에 제도화에 필수적인 사항으로 법 제정 시 반드시 반영하여야 한다.

네 번째 '진본성 유지' 부분은 유네스코 헌장에서 지적했듯이 디지털 유산을 조작하거나 의도적으로 변조하는 것을 방지하는데, 진본성 확보를 위해 법적 기술적 구조틀이 필수적이다. 따라서 디지털유산의 진본성 확보를 위해 제도적인 사항으로 반영되는 것이 필요하다.

다섯 번째 '전략과 정책개발' 은 장기적으로 중요하나, 이 역시 국가 차원의 전담 총괄조직이 만들어져야만, 체계적인 정책개발이 가능한 부분이다.

여섯째 '지속적인 투자' 부분은 무슨 일을 추진하든 적정한 수준의 예산이 요구된다. 따라서 국가적사업의 우선순위에 책정되어야만 가능한 일이다.일곱째 '기술적인조치사항'의 경우는 디지털유산 보존의 기저에 있는 국가의 기간산업과도 같은 핵심적인 사항이나, 전문가들의 분야로 생각되어 항상 우선순위에서 밀리고 있는 부분이다. 따라서 디지털보존 제도화 추진 시 반드시 반영되어야 한다.

마지막으로 '역할과 책임' 부분은 국가 차원의 총괄조직이 구성되어야만 제대로 된 역할과 책임이 분배 될 수 있다. 각 기관별로 추진 시 에는 부분적이거나, 지역적인 역할 분담만이 가능하다.

그러나 문화유산 디지털 제도화 내용에 포함된 것으로

분류된 나머지 항목들도 제도화 내용이 유네스코 디지털 보존정책에 일부내용이 포함되는 것이지, 유네스코 정책과 정확하게 부합되는 항목은 없는 것으로 파악된다. 아래 표<5-6>에서 보는 바와 같이 우리나라 디지털화 정책은 국제적인 기준이나 내용과 관계없이 제도화가 진행되고 있다고 봐도 될 것이다.

따라서 우리나라의 디지털 보존정책의 현 주소를 들여다 볼 수 있다고 생각된다. 이러한 현상이 일어나는 가장 큰 원인은 디지털유산에 대한 인식부족이다. 정부나 국회 등의 입법기관이나, 정책기관들의 디지털유산에 대한 관심이 더욱 요구되는 이유이다.

급속하게 개발되는 새로운 디지털 첨단기술에 따라가기 급급하다 보니, 정작 디지털로 생산된 결과물에 대한 관리나 보존은 등한시 되고 있는 것이다.

문화유산 디지털관련 제도나 정책도 결국은 이러한 사회 환경적인 요소에 영향을 받아 더욱 뒤쳐질 수밖에 없는 것은 자연스러운 현상이 아닌가 싶다.

<표 5-6>유네스코 디지털헤리티지와 문화유산보존정책비교

대분류	중분류	유네스코 정책 내용<관련조항>	문화유산 제도화	관련규정
정의	디지털 유산의	○ 디지털 방식으로 생성되거나, 아날로그에서 디지털형태로 변환된 문화, 교육, 과	해당내용 없음	

	범위	학, 행정 분야의 자원과 기술적, 법적, 의학적 정보 및 기타 유형의 정보가 포함됨 **<유네스코헌장(1조), 가이드라인 2장>**	(각 해당분야 또는 사업에 대한 내용만 정의됨)	
소실 대비	접근성 유지	ㅇ 디지털 유산 보존 목적은 공중의 접근 보장임 ㅇ 디지털 자료들은 접근성을 상실하면 보존 되었다고 말할 수 없다. ㅇ 많은 자료가 처음부터 디지털로 생산되고 있으나, 그것의 영구적인 접근성 및 시간과 기술 변화를 견딜 수 있는 정확하고 공신력 있는 보존 수단은 고려되지 않고 있다. * **밴쿠버선언**: (합의사항: 3항, 5항, 사무국:g,i, 회원국: c항, 민간기관:a항) ㅇ 안전, 손상, 경제, 정치, 또는 환경이유 때문에 혹은 시각화의 대상이 없어지거나 위기에 처하거나 분산되거나 혹은 파괴되거나 복원되거나 재건되었기 때문에 그 이외의 방법으로는 접근할 수 없는 문화유산에 대해 어떻게 접근성을 개선할 수 있는가 하는 생각이 컴퓨터 기반 시각화의 목적, 방법, 보급 계획에 반영되어야 한다.(런던헌장 6.1)	ㅇ 해당내용 없음	

		<유네스코 헌장(2조), 가이드라인 17장, 벤쿠버선언 3항5항, 런던헌장6.1>		
	상실위협	○ 디지털유산을 생성한 하드웨어와 소프트웨어의 급속한 노화, 유지 보존에 필요한 자원과 책임, 보존 방법의 불확실성, 지원 법령의 부재 등이 요인임 <유네스코 헌장(3조), 가이드라인 2장>	해당내용 없음	
	디지털지속성	○ 디지털 유산의 지속성이 근본적인 문제임, 장기보존 및 진본성 유지를 위해 안정적인 디지털유산 생산시스템과 절차 설계가 장기보존의 시작임 ○ 컴퓨터 기반 시각화 결과물을 보관하기 위해 사용할 수 있는 형태가 아날로그이든 디지털이든, 가장 신뢰할 수 있고 지속 가능한 형태가 확인되고 구현되어야 한다.(런던헌장 5.1) <유네스코헌장(5조), 가이드라인, 벤쿠버선언, 런던헌장(5.1)>	**제11조**(기록화성과물의 활용) ① 정보화담당관은 기록화사업의 성과물을 효율적으로 활용하기 위한 통합DB 및 활용시스템을 구축하여야 한다.	○문화재기록화사업관리 및 활용에관한규정 제11조, (문화재청훈령제291호)
	진본성유지	○ 진본성을 유지하면서 안정적인 디지털 객체를 생산할 수 있는 믿을 만한 시스템과 절차를 설계하는 데서 디지털 유산의 장기보존이 시작된다. ○ 디지털 유산을 조작하거나	○ 해당내용 없음	

		의도적으로 변조하는 것을 방지하는데 진본성 확보를 위해 법적 기술적 구조 틀이 필수적이다. o 회원들이 디지털 정보의 신뢰성, 진본성, 저작권, 미래의 이용을 고려하고, 디지털 자료의 관리 및 보존과 관련된 모든 측면을 포괄하는 정책을 개발하도록 독려한다. <유네스코 헌장(5조,8조), 벤쿠버선언 (전문기관 c)>		
조치 사항	전략과 정책개 발	o 긴급성의 정도 국가적 상황, 동원할 수 있는 수단, 미래 예측 등을 감안, 디지털 유산 보존을 위하여 전략과 정책개발이 필요함 o 회원들이 디지털 정보의 신뢰성, 진본성, 저작권, 미래의 이용을 고려하고, 디지털 자료의 관리 및 보존과 관련된 모든 측면을 포괄하는 정책을 개발하도록 독려한다. (벤쿠버선언, 전문기관: c항) <유네스코헌장(6조), 가이드라인(7.6장)(벤쿠버선언,전문기관:c항)>	o 해당내용 없음	
	보존 대상	o 보존대상 선정원칙은 나라마다 다를 수 있다. 그러나 그 자료의 중요성, 문화, 과학, 증거 또는 다른 지속적 가	o(문화재정보체계 구축범위 및 운영 등) ① 법 제11조제1항에 따른 문화재정	o문화재보호법 시행령 제7조

			보체계의 구축 범위는 다음 각 호와 같다.	
결정		치가 어떤 디지털자료를 보존할 지를 결정하기 위한 주요기준임 ㅇ 어떤 디지털 자료가 보존을 위해 선택되어야 하고, 보존할 가치가 있는지 결정하는 일은 반드시 필요하다. 대다수의 같은 접근들은 디지털유산 결정에 필수적이다.(가이드라인 12장) <유네스코헌장(7조),가이드라인(12장)>	1. 문화재의 명칭, 소재지, 소유자 등이 포함된 기본현황 자료 2. 문화재의 보존·관리 및 활용에 관한 자료 3. 문화재 조사·발굴 및 연구자료 4. 사진, 도면, 동영상 등 해당 문화재의 이해에 도움이 되는 자료 5. 그 밖에 문화재 정보가치가 있는 자료로서 문화재청장이 필요하다고 인정하는 사항이라고 규정하여 정보시스템 구축에 따른 세부적인 정보의 수집 및 구축범위를 제시하고 있다. ㅇ기록화 사업의 범위는 다음과 같다. 기록화사업의 범주는 각 사업영역을 포괄적으로 수용할 수 있는 대분류와 이에 따른 하위분류로 나눌 수 있다. 기록	ㅇ문화재 기록화사업관리및 활용에관한 규정」, (문화재 청훈령제 291 2013.4.8. 일부개정)

				화사업 최종결과물의 형태에 따라 범주는 크게 텍스트, 이미지, 멀티미디어의 3가지 분야로 분류	
	법제화	○ 회원국은 디지털 유산 보호를 위해 적절한 법제체계를 갖춰야 한다. 국가 및 보존기록관, 도서관, 박물관, 공공 보존소 등의 자발적 납본관련 법에서는 디지털 유산 문제를 주요 요소로 다루어야 함. ○ 입법기관 및 보존문서관, 박물관, 기타 유관 기관들 간의 협력을 증진하여, 디지털 문화유산의 보존 및 이에 대한 접근성을 지원하는 법적 틀을 개발한다.(벤쿠버선언, 회원국 c) <유네스코 헌장(8조), 가이드라인(15.11장),벤쿠버선언회원국 c>		○ 문화재보호법 및 동법시행령, ○문화재 기록화사업 관리 및 활용에 관한 규정	○ 문화재보호법(법률제15065호 2017.11.28.일부개정) ○ 문화재 기록화사업 관리 및 활용에 관한규정(문화재청훈령291호 2013.4.8 일부개정
	지속적인투자	○ 궁극적으로, 보존 프로그램들은 자료의 동일성과 데이터 무결성이 필수적인 책임이라는 점을 유념하면서, 그들이 관리하는 자료의 신뢰성을 견고히 하는데 얼마나 투자할지를 결정해야 한다. ○ 디지털 보존은 개발 우선과제가 되어야 하며, 보존된		○ 해당내용 없음	

		디지털 기록의 신뢰성과 그러한 기록의 장기적인 접근성 및 이용성을 보장하기 위해서는 인프라에 대한 투자가 반드시 필요하다. ㅇ 민간 기관들이 신뢰성 있는 디지털 인프라와 디지털 보존에 투자하도록 독려한다. <가이드라인(16.7), 벤쿠버선언(합의5항, 회원국 f)>		
	접근성 허용	ㅇ 디지털 유산은 시간, 장소, 문화, 형식에 제한을 받지 않는 것이 근원적 속성임, 소수자가 주류에게, 개인이 전 세계를 대상으로 소통이 가능함 지속적으로 전 세계 청중들에게 디지털유산을 보존하고 접근할 수 있도록 해야 함 ㅇ 세계인권선언 19조에 규정된 바와 같이, 모든 사람은 국경에 상관없이 모든 매체를 이용해 정보를 구하고, 받고, 전달할 권리를 가진다 (19조). 사람들은 디지털 정보를 이용할 때도 이 권리를 행사한다. (벤쿠버선언 1항) <유네스코헌장(9조), 벤쿠버선언1항>	ㅇ국민이 문화재 정보에 쉽게 접근하고 이용할 수 있도록 문화재정보체계를 구축·운영 하여야 한다.	ㅇ문화재보호법(제11조)
	기술적 인조치	ㅇ 보존 프로그램들은 프로그램을 우선순위와 상황에 맞게 맞추고 적절한 시기에 적절한 결정을 내리는 등의 포괄적인 관리 기술들에 의존하	ㅇ 해당내용 없음	

| | | 는 탁월한 관리를 필요로 한다. 디지털 보존 프로그램은 변화하는 성질, 다양한 이해당사자들, 그리고 현재 결정의 장기적 영향력과 관련된 일부 특정 관리 문제들을 내포한다.
o 디지털 자료의 물질적 이동을 실행하는 표준적 방법은 존재하지 않는다. 데이터는 다양한 형태의 디스켓, CD, 테이프, 카트리지, 디스크 드라이브 등 넓은 범위의 물질적 운반 장치에 의해 이동될 수 있다; 혹은 이메일첨부, 파일 전송 프로토콜 등의 수단을 사용하는 통신네트워크나 웹사이트에서 다운로드를 통하는 등 이동 미디어의 선택은 관계자의 필요에 의존한다.
o 자연재해나 무력분쟁으로 소실 위험에 처해 있는 문서자료의 보존을 위한 비상 프로그램과 하드웨어 및 소프트웨어의 단종으로 인해 접근성이 떨어질 위험이 있거나 이미 단절된 아날로그 및 디지털 유산의 복구를 위한 프로그램을 마련한다.
o 민간분야와 협력하여 디지털 형태로 기록된 정보의 장기 보유 및 보존을 증진하는 제품이 개발되도록 한다. | | |

		<가이드라인(10장, 14.13장), 벤쿠버선언 (사무국 g,전문기관 d)>		
	저작권	○ 저작권이나 관련된 권리들을 소유한 회사, 그리고 다른 이해당사자들이 공통표준, 호환성과 자원공유를 정하는데 협력함으로써 이를 성취할 수 있다.(유네스코 헌장) ○ 디지털 유산 자료들은 일부법적 효력을 가지고 있는 다양한 권리와 기대의 대상이다. 저작권과 같은 권리들은 투자된 지적 재산권으로부터 야기된다. 그러나 고려의 대상이 되어야 하는 다른 권리들과 기대들도 존재한다.(가이드라인) ○ 문화적으로 적절한 방식으로 그러한 유산을 취득하고 이에대한 접근성을 담보할 수 있도록 기록보존관 도서관 및 박물관계의 국제활동을 지원하여 저작권의 예외 및 제한에 대한 국제적인 법적틀을 공고히 한다. <유네스코헌장제6조,가이드라인15.4장,벤쿠버선언권고	③ 문화재청장은 제2항에 따라 필요한 자료의 제출을 요청하는 경우 관계 중앙행정기관의장 및 지방자치단체의장 이외의 자에 대하여는 정당한 대가를 지급할 수 있다	○문화재보호법 11조 제3항

		b,>		
책임 사항	역할과 책임	○ 디지털 유산 보존 책무를 조정하기 위해 하나 이상의 기구를 지정하고, 필요 자원을 마련함, 수행중인 역할과 보유 기술에 따라 과업과 책무를 분담할 수 있음, 교육 연구 프로그램을 개발 및 경험을 공유함, 공립·민간·대학 및 기타 연구기관이 연구데이터를 보존하도록 격려한다. ○ 디지털 보존은 단체와 개인들이 그 책임을 수용할 때만 일어난다. (가이드라인 제9장) <유네스코헌장(10조),가이드라인 (제9장)>	○ 해당내용 없음	
	표준 정립	○ 협력, 인식제고 및 역량증대를 진작하고, 표준화된 윤리, 법제 및 기술적 가이드라인을 개발하고, 앞으로 6년 동안 헌장과 가이드라인을 실행하면서 필요한 표준 정립 도구를 파악함. 이라고 선언함. ○ 문서화는 그림, 문자, 영상, 소리, 수치 또는 그 조합 등 사용 가능한 최적의 미디어를 사용하여 보급되어야 한다. 문서화는 관련 실무 커뮤니티의 모범사례에 따라 적절한 표준과 온톨로지를 참조하면서 관련 인용색인	① 각 부서의 장은 소관 기록화사업을 추진하는 경우에는 별첨 1의 "문화재기록화사업 표준데이터제작지침"을 반드시 준수하여야 한다 라고 명시하여 기록화사업 성과물이 같은 기준에 의해 제작될 수 있도록하고 있다.	○ 문화재 기록화사업 관리 및 활용에 관한규정 (제7조, 문화재청 훈령 제291호

		에 포함하기 쉬운 방법으로 지속적으로 보급되어야 한다.(런던헌장, 문서화의 포맷과 표준4.11, 4.12)		
		ㅇ 디지털 포맷 레지스트리의 확립 등 디지털화 및 디지털 보존 관행의 표준화 문제를 논의하는 다자간 포럼을 마련한다. 국제표준 관련 기구와의 협력을 증진하여, 디지털 보존에 관한 여러 참고 자원 간의 무결성을 높이고, 유네스코가 천명한 원칙에 따른 개발을 지원한다. (벤쿠버 선언, 사무국역할 d, k)		
		ㅇ 정보 전문가와의 협력 하에 디지털 자원의 기술(記述) 및 관리 목적으로 설계된 공인 메타데이터 표준을 준수하여 진본으로 추정되고 신뢰성과 정확성이 보장될 수 있는 자원의 상호운용을 보장한다. 디지털 형태로 생성된 정보가 장기간 보존되는 국내외의 표준 관련 논의나 다자간 논의, 협력 프로그램에 참여할 때 디지털 보존 문제를 고려한다. (벤쿠버 선언, 민간기관역할 b, c)

<유네스코헌장(12조), 가이드라인(11,12장), 런던헌장, 문서화의 포맷과 표준4.11, 4.12), (벤쿠버 | | |

		선언, 민간기관역할 b, c),사무국 역할 d, k)>		
협력 체계 유지	협력	ㅇ 디지털 자료의 H/W와 S/W 개발자, 발행자와 운영자, 배포자 등 민간에 대해, 국립도서관, 기록보존소, 박물관, 기타 공공기관과 협력을 촉구함, 현재의 디지털 격차 상황에서는 모든 나라가 자국의 디지털 유산을 생산, 배포, 보존하고 지속적으로 접근 가능하도록 국제협력과 연대 필요, 기업체, 출판사 및 대중매체가 전문기술을 공유하도록 촉진을 촉구함 ㅇ 국제적인 전문협회 및 기타 국제기구들과 협력하여, 디지털화 및 디지털 보존을 위한 학술적 커리큘럼을 개발하고, 기록보존관, 도서관 및 박물관 전문가들의 디지털 정보 관리 및 보존 역량을 증진할 수 있는 훈련 프로그램과 범세계적인 교육을 실시한다.(베쿠버 선언, 사무국역할 c) ㅇ 보존 프로그램이 협력을 추구해야 할 기술적, 경제적, 정치적인 이유들이 존재한다. 협력에 관한 결정은 기대되는 이익과 수반되는 비용의 평가에 기초해야 한다. 파트너를 어디서 구할	②정보화담당관은 기록화사업의 결과물의 활용을 위하여 유관기관과의 협조체계를 구축하여야 한다.	ㅇ 문화재 기록화사업 관리 및 활용에 관한 규정 제12조, 문화재청 훈령 제291호

		지, 무엇이 관계의 중점이 되어야 할지, 어떤 구조적인 토대가 적합할지에 대한 많은 가능성이 존재한다. 성공적인 협력은 이러한 선택들에 신중한 주의를 기울이고 실제 협력에 필요한 노력을 쏟을 때 이루어진다. (가이드라인 11장) <유네스코헌장(10조 ,11조), 가이드라인 (11장), 벤쿠버선언>		

* 유네스코헌장: 디지털유산 보존에 관한 유네스코 헌장:
* 가이드라인: 유네스코 디지털유산 보존을 위한 가이드라인
* 벤쿠버선언 : 유네스코/ UBC 벤쿠비 선언
※ 15개 중분류 항목중 문화유산 디지털 제도화가 해당되는 내용이 없는 항목은 8개 임

11. 디지털헤리티지 문화유산 실제 적용사례

문화유산 디지털정책 관련 실제 현장에서 적용되고 있는 규정은 「문화재 기록화사업 관리 및 활용에 관한 규정」이다. 낙산사 동종이 화재로 소실되면서, 문화재 원형기록 보존에 대한 중요성이 크게 대두되어, 동 훈령이 제정되게 되었다.

물론 문화재 기록화사업은 벌써 10여 년 전부터 문화
재원형에 대한 실측자료 확보를 위한 사업이 추진되고 있
었다. 동 사업은 한해에 수십 건씩 문화재청 및 지방자치
단체를 통하여 추진되고 있었으나, 아무런 규정이나 기준
도 없이 사업이 진행되었다. 더 큰 문제는 이렇게 많은
돈을 들여 구축한 사업결과물이, 시간이 흐르면 사라지는
등 보존되지 못하고 있는 실정이었다. 이러한 문제점을
해결하기 위하여, 2007년도에 제정되었다.

문화재 원형기록화 사업이 일정한 절차와 기준에 의해
제작되고, 사업결과물은 문화재 원형기록시스템에 저장되
어 영구보존 되도록 하였다.

동 규정은 제1조와 2조에서는 목적과 범위에 대한 내용
을 규정하고 있으며, 제2장에서는 심의위원회 구성에 대
한 내용으로 문화재 기록화사업에 대하여 심의하는 위원
회의 역할 및 기능에 대하여 규정하고 있다.

제3장 기록화사업의 추진에서는 동 훈령의 가장 핵심
적인 부분으로 사업계획의 수립에서부터 검사와 성과물의
제출단계까지의 절차를 순차적으로 규정하고 있다. 먼저
제6조 사업계획의 수립에서는 문화재 기록화사업을 추진
하는 부서의 장은 기록화사업계획을 매년 상반기 중에 수
립하여 제출함으로써, 문화재 기록화사업 추진에 따른 사
업 중복 부분을 조정할 수 있는 기능을 두고 있다.

제7조 데이터제작 기준에 대한 조항은 동 훈령에서 가

장 중요한 기능을 하고 있는데 별첨으로 '문화재 기록화사업 표준데이터 제작지침'을 제정하여 기록화사업 제작 시 반드시 준수하도록 명시하여 기록화사업 성과물이 같은 기준에 의해 제작될 수 있도록 하고 있다.

제8조 사업보고와 제9조 검사, 제10조 성과물의 제출까지 조항들은 모두 성과물의 품질을 향상시키기 위하여 실시하는 내용을 담고 있다.

제9조 검사에서는 디지털 성과물에 대한 품질을 데이터 제작 규격에 적합하게 제작되고 납품 될 수 있도록 많은 노력을 기울이도록 하였고, 제10조 성과물의 제출에서는 사업성과물이 종이문서와 디지털화된 자료 2가지 이상의 형태로 반드시 2부 이상씩 납품 받아야한다. 라고 규정하여 기록화사업 성과물에 대한 의무적인 제출을 규정하고 있다.

제4장은 기록화사업 성과물의 활용에 대한 규정으로, 기록화사업 성과물 활용과 통합 DB구축에 대한 내용을 규정하고 있다. 또한 정보화담당관은 기록화사업의 결과물 활용을 위하여 유관기관과의 협조체계를 구축하여야 한다. 라고 하여 디지털 기록화사업 성과물 활용 활성화를 위한, 협력방안에 대한 내용을 담고 있다.

동 지침에서는 문화유산의 범위를 우리 선조들로부터 물려받고 다음 세대로 물려줄 각종 유산 및 문화양식이다. 건조물, 동산문화재, 유적 등 실체가 있는 유형유산과 기록물로 남겨진 기록유산, 인간의 행위에 의해 전해지는 음악, 무용, 연극, 의식 등 무형유산, 그리고 천연기념물 및 천연보호구역, 자연경관 등의 자연유산으로 분류할 수 있다.

또한 문화유산 디지털화를 위한 기록화사업의 범주는 각 사업영역을 포괄적으로 수용할 수 있는 대분류와 이에 따른 하위분류로 나눌 수 있다. 기록화사업 최종결과물의 형태에 따라 범주는 크게 텍스트, 이미지, 멀티미디어의 3가지 분야로 분류한다.

텍스트데이터는 문자의 디지털화를 목적으로 구축되는 데이터로서 현재 통용되어 쓰여 지고 있는 한글, 영문, 일문 등의 일반 텍스트자료를 입력하는 부문과 고문서(한자 등)나 특수문서(기호 등) 등의 전문적인 정보를 입력하는 부분으로 나눌 수 있다.

이미지데이터는 사업의 최종결과물이 이미지의 형태, 즉 문자나 동적 영상물이 아닌 그림의 형태로 나타나는 것으로서 일반적인 사진촬영물 및 스캔이미지, 기록보존용 원문정보 이미지, 정밀실측을 통한 실측정보 이미지, 3D 입체정보 이미지 등으로 분류할 수 있다.

문자나 이미지, 영상이 혼합된 다양한 멀티미디어데이터는 동영상 및 사운드, 그리고 각종 매체들로 만든 콘텐츠 사업들(애니메이션, 사이버입체 등)로 분류할 수 있다.

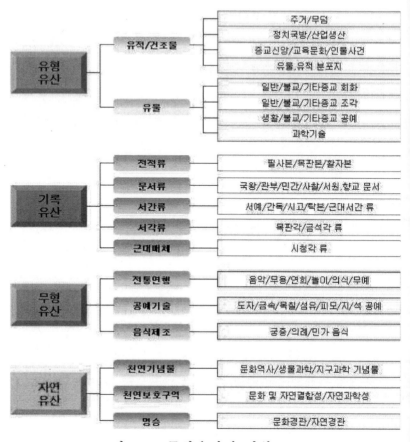

			주거/무덤
유형 유산	유적/건조물		정치국방/산업생산
			종교신앙/교육문화/인물사건
			유물,유적 분포지
	유물		일반/불교/기타종교 회화
			일반/불교/기타종교 조각
			생활/불교/기타종교 공예
			과학기술
기록 유산	전적류		필사본/목판본/활자본
	문서류		국왕/관부/민간/사찰/서원,향교 문서
	서간류		서예/간독/시고/탁본/근대서간 류
	서각류		목판각/금석각 류
	근대매체		시청각 류
무형 유산	전통연행		음악/무용/연희/놀이/의식/무예
	공예기술		도자/금속/목칠/섬유/피모/지/석 공예
	음식제조		궁중/의례/민가 음식
자연 유산	천연기념물		문화역사/생물과학/지구과학 기념물
	천연보호구역		문화 및 자연결합성/자연과학성
	명승		문화경관/자연경관

<그림 5-2> 문화유산의 범위[64]

　　문화유산 기록화 사업의 범주를 세부적으로 나누어 살펴보면, 먼저 텍스트데이터는 기록화사업의 성과물이 디지털화 된 문자로 나타나는 것으로서 대상문서에 있는 문

64) 문화재청 훈령 제291호.(2013.4.8.일부개정) 제7조 「문화재기록화 사업 표준데이터 제작지침」, 2011, 5쪽.

자의 디지털화 및 손쉬운 검색조건 제공 등을 목적으로 구축된다. 텍스트데이터의 획득방법은 직접입력 및 매체를 활용한 글자추출의 방법이 있다. 텍스트 기록화사업은 현재 통용되고 있는 글자를 입력하는 일반텍스트 분야와 고문서나 전적류 등의 한자나 옛 문서의 글자를 입력하는 전문텍스트 분야로 구분할 수 있다.

일반텍스트 분야는 범위가 여러 가지로 정의 될 수 있으나, 주로 현재 통용되고 있는 문자(한글, 영문, 일문, 중문, 독문 등)를 직접입력의 과정을 통하여 글자를 생성하는 과정의 모든 작업을 범위로 할 수 있다. 일반텍스트 구축사업은 주로 논문 등 책 본문을 직접입력하거나, 설명자료 및 메타데이터 정보 등을 입력하는 분야의 사업으로 정의 할 수 있다.

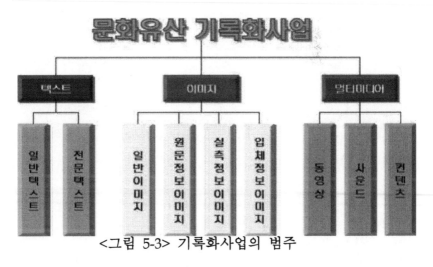

<그림 5-3> 기록화사업의 범주

전문텍스트 분야는 고문서 및 전적류 등 접근이 어려운 옛 문서에 대한 원문글자 추출을 통하여 옛 문헌에 대한 학술연구 목적 및 방대한 자료에 대한 손쉬운 본문검색서비스 제공 등을 목적으로 구축되는 사업이다.

고어의 텍스트 추출은 문자 특성상 직접입력의 어려움 및 비효율성 등으로 인하여 자동문자인식 매체를 이용한 글자추출의 공정을 통하여 대부분의 글자를 추출하고, 그 외의 문자는 수동 입력 방식 또는 문자해독 후 입력의 방식을 통하여 텍스트를 추출한다. 전문텍스트 구축 사업은 접근하기 어려운 특성상 이 분야에 대한 전문지식(탈초, 해제 등)이 요구된다.

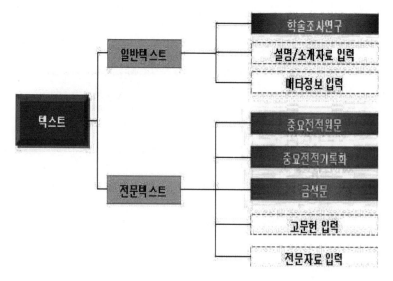

<그림 5-4> 텍스트구축 사업 연관도

이미지구축 사업은 레스터의 영역과 백터의 영역에 해당하는 사업들로 구성된다. 레스터이미지 영역에 속하는 사업으로는 문서내의 이미지 및 필름 등을 스캐닝하여 구축하는 작업과 디지털카메라를 이용하여 직접 이미지를 획득하는 작업이다. 벡터 방식의 사업은 주로 일러스트나 플래시의 드로잉 작업 및 정밀실측 및 수치정보를 필요로 하는 도면제작이나 3D모델링 분야에 해당된다.

멀티미디어구축 사업은 단순히 이미지 및 텍스트만으로 대상문화유산을 구축하기에 부족하거나 정보전달이 어려운 영상기록을 필요로 하는 사업에 적용되며, 대상문화유산에 대한 표현력의 증대를 위하여 여러 매체를 이용하여 구축하는 사업이다. 기록화사업에서 멀티미디어를 이용하여 데이터를 제작하는 분야는 음악, 무용, 공연 등 동적인 기록이 필요한 분야에서 영상기록보존 및 활용의 목적으로 구축하는 동영상 및 사운드의 기록과 문화유산에 대한 홍보, 교육 등을 목적으로 동영상, 사운드 외 애니메이션기법이나 사이버입체 기술 등을 이용하여 제작되는 콘텐츠가 있다.

문화유산 기록화사업의 주요 목적은 국가적, 학술적으로 매우 중요한 가치를 지닌 소중한 문화유산에 대한 원형보전과 이를 토대로 한 활용에 있다. 기록화사업 구축의 결과인 파일의 형태는 기록보존용 마스터파일과 활용서비스를 위한 서비스용 파일로 구성된다.

기록보존용 파일은 대상 문화유산의 훼손이나 유실 등의 상황발생 시 복원의 기본 자료로 사용되어야 하기 때문에 해당 문화유산의 모든 원천정보를 담고 있으며 압축되지 않은 형식으로 구성되어야 한다.

파일 특성은 모든 활용파일의 원본파일이어야 하고 압축되지 않아야 한다. 대상문화유산의 모든 원천정보를 가지고 있어야 하며, 보존성과 호환성이 좋아야 하고, 복원 및 재생의 기본 자료가 되어야 한다.

활용서비스용 파일은 내부 업무활용 및 외부 대국민 서비스를 위한 목적으로 제작된 서비스용 파일은, 문화유산의 정보를 가장 잘 표현해 줄 수 있는 범위 내에서 하드웨어적 환경이나 서비스 환경 등을 고려하여 가장 최적화된 방식으로 제작되어야 한다. 활용서비스용 파일 포맷은 최신의 버전으로 변경이 가능하다.

활용서비스용 파일의 특성은 대상정보를 가장 잘 표현해야 한다. 범용성 및 호환성이 있어야 한다. 파일 사이즈 및 포맷이 서비스 환경에 적합해야 한다.

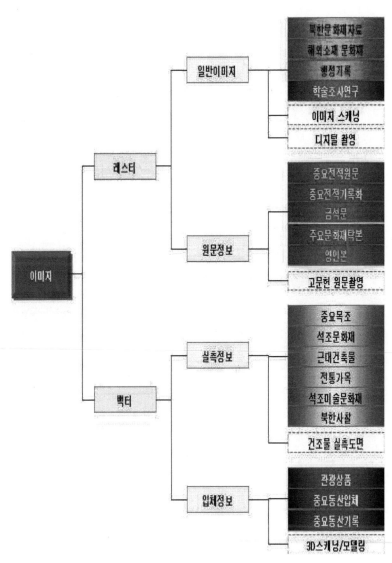

<그림 5-6> 이미지구축 사업 연관도

<그림 5-5> 멀티미디어구축 사업 연관도

<표5-1> 기록보존용 마스터파일의 포맷유형

데이터 유형	파일 포맷	파일설명
텍스트	.txt	- 문자 표현력 확대를 위하여 유니코드를 지원하는 txt파일로 구성되어야 한다. - 보존용 파일은 XML태깅 등 가공 이전의 상태로 있어야 한다.
	.hwp	-공용의 호환성을 지닌 소프트웨어로서 우리나라에서 많이 사용되고 있는 한글워드프로세서의 확장자이다.
이미지 (raster)	.tiff .psd	-Tiff(Tagged Image File Format)파일은 윈도우나 맥캔토시 등 어디서나 사용이 가능한 호환성이 높은 파일로서 고화질의 출력 및 인화가 가능하며, 무손실 압축 방식을 사용함으로써 문화유산의 원천정보를 수록하기에 좋은 파일형식이다.
설계도면 (vector)	.dwg	- CAD프로그램의 포맷형식으로서 전세계적으로 범용성이 있어 호환성이 높고 대부분의 설계 툴에서 DWG파일을 인식할 수 있다.
3D입체 (vector)	원본파일	- 3D입체이미지를 처음 생성할 때 만들어지는 원본 파일형식이다.
동영상	.avi	- AVI(Audio Video Interleaving)는 동영상 포맷 중에서 가장 기본적인 포맷으로서 다른 포맷 방식에 비해 용량이 큰 단점이 있지만 상대적으로 가장 뛰어난 화질을 보여준다.
사운드	.wav	- 윈도우즈 운영체계에서 사용되는 오디오 포맷의 하나. 소리나 음악을 듣거나 녹음하는 데 사용하며 8비트 또는 16비트 모드로 11kHz, 22kHz, 44kHz의 샘플로 기록된다. - 윈도우즈에서는 표준으로 부속되어 있는 미디어 플레이어로 재생할 수 있다. - 원음에 가장 가까운 장점이 있지만 파일용량이 큰 단점이 있다.
콘텐츠	원본파일	- 콘텐츠 제작 시 사용한 여러 활용매체의 제작원본파일을 보존용으로 제출해야 함.

<표5-2> 활용서비스용 마스터파일의 포맷 유형

데이터 유형	파일 포맷	파일설명
텍스트	.xml	-txt파일에 태그정보를 가진 파일로서 웹서비스를 위하여 태깅을 한다.
	.hwp	-공용의 호환성을 지닌 소프트웨어로서 우리나라에서 많이 사용되고 있는 한글 확장자이다.
이미지 (레 스 터)	.jpg	-최대 1/20까지 이미지를 압축하며, 24비트 컬러의 트루 컬러를 지원하여 인터넷뿐 아니라 멀티미디어 환경에서도 대중적인 파일 포맷으로서 용량은 많이 줄어든 반면 이미지 손실면에서는 다른 파일들보다 상대적으로 효율성이 높은 장점이 있다.
설계도 (백터)	.dwf	-DWF(Degine Web Format)파일은 고도로 압축되어 있어 크기가 훨씬 작고 전송속도가 좋아 풍부한 설계데이터를 교환할 수 있으며 ,원본파일(DWG)의 풍부한 데이터와 충실도를 유지하기 정확하게 도면, 지도 또는 모형을 보고 인쇄할 수 있다. 파일의 편집은 불가하다
3D입체 (백터)	.icf	-3D입체정보를 볼 수 있는 뷰어의 확장자이다.
동영상	.mpg .asf .wmv	-ASF(Active Stream Format)파일은 마이크로소프트사가 제안한 동영상 스트리밍 파일이며 인터넷 방송 등에 많이 사용되고 있다. -WMV(Windows Media Video)파일은 멀티미디어 압축 방식으로 보통 파일을 내려받기 하고 재생하거나 내용을 스트리밍하는데 사용되며, 마이크로소프트 윈도즈 미디어 플레이어의 주 스트리밍 포맷이다.
사운드	.wma .mp3	-MP3(MPEG Audio Layer-3)파일은 엠펙(MPEG)1에서 규정한 고음질 오디오 압축 기술의 하나로서 음반 CD에 가까운 음질을 유지하면서 일반 CD의 50배로 압축이 가능하다.
콘텐츠	.swf	플래시애니메이션의 출판파일이다.

다음은 문화유산 기록화사업 각 파일별 표준데이터 제작기준이다. 동 기준에 따라 모든 디지털 결과물이 제작된다. 제작기준은 2가지이다, 원형기록 보존을 위한 대용량의 보존용 원본데이터 제작기준과, 그 보다는 적은용량의 활용 및 서비스를 위한 제작기준이다. 서비스용 제작데이터가 보존용 보다 더 데이터 용량이 가볍고, 범용적인 형태의 자료이기 때문에 인터넷 등에서 활용도가 더 높다.

<표5-3> 표준데이터 제작파일 기준

대분류	중분류	기록보존용 파일	활용서비스용	비고
텍스트	일반텍스트	가공/압축하지 않은 TXT, HWP파일	다운로드용 HWP 웹서비스용 XML	
	전문텍스트	상동	상동	
이미지	일반이미지	TIFF(600dpi)파일	jpg(72 ~ 300dpi)	
	원문정보이미지	TIFF(600dpi 이상)파일	jpg(300dpi)	
	실측정보이미지	DWG파일	자료교환용 DWF 웹서비스용 JPG	
	입체정보이미지	구축 원본파일	서비스용변환파일	
멀티미디어	동영상	원본 AVI파일, DVD용 MPEG2파일	MPEG2, WMV파일	
	사운드	원본 WAV파일	MP3, WMA파일	
	콘텐츠	구축 원본파일	서비스용변환파일	

이와 같이 '문화재 기록화사업 관리 및 활용에 관한 규정'(문화재청 훈령 제291호)은 법 보다는 훨씬 많은 문화유산 디지털 정보에 대한 세부적이고 구체적인 내용을 담고 있다. 문화재보호법에는 내용이 없는 심의위원회 구성이나 성과물에 대한 활용방안 강구, 데이터제작기준 등을 마련하고 있다. 다만 이러한 구체적인 정책인 법 보다는 강제성이 약한 내부 규정으로 제정되어 운용되고 있는 아쉬움이 있다.

지금까지 기록화 사업을 통해 구축한 문화재 원형기록 실측정보는 약 66만 건의 방대한 양의 문화재 실측기록 데이터를 보유하고 있다 표 <5-4>는 실측 원형기록 세부 현황이다. 앞으로 구축된 문화유산 원형기록 정보를 활용하여 새로운 콘텐츠 제작 등 활용방안이 많이 생겨나길 기대해 본다.

또한 문화유산 디지털 정보의 보존이 국제적인 기준에 적합하도록 해당 규정들을 개정해 나가는 정책적인 노력이 요구된다. 우선 내부규정으로 되어있는 기록화 사업 규정을 유네스코 디지털헤리티지 보존 내용에 적합하도록 개선하여 법제화 하는 것이 시급하다. 이 법제화를 통하여 문화유산 디지털헤리티지를 잘 보존하고 활용할 수 있도록 보존 절차 및 조직, 예산 등을 단계적으로 확보해 나가는 것이 가장 중요한 문제이다.

<표5-4> 문화재 디지털원형기록 DB파일 유형별 보유현황

(2018.5.월 현재,단위:건)

종목	건수	이미지	보고서	도면	3D	기타	소계
국보	165	46,371	584	12,539	5,738	129	65,361
보물	679	145,161	3,813	65,265	20,774	2,448	237,461
국가무형문화재	39	28,282	949	0	0	0	29,231
사적	175	78,776	1,459	30,624	4,306	289	**115,454**
명승	55	11,371	4	55	5	0	11,435
천연기념물	14	2,895	47	1,613	946	0	5,501
국가민속문화재	114	24,205	890	11,208	118	7	36,428
시도유형문화재	166	41,658	782	5,189	4,848	56	52,533
시도무형문화재	3	0	0	0	0	0	0
시도기념물	26	1,976	204	1,575	0	0	3,755
시도민속문화재	11	859	127	471	0	9	1,466
문화재자료	63	8,418	390	4,736	825	51	14,420
등록문화재	188	32,711	1,591	12,514	156	188	47,160
비지정문화재	366	37,883	1,007	1,585	1,010	5	41,490
합계	2,064	460,566	11,847	147,374	38,726	3,182	661,695

12. 유네스코 정책 문화유산 적용 방안은

우리는 앞에서 문화유산 디지털헤리티지 보존정책이 얼마나 국제적인 기준과 동 떨어져 있는지를 알아보았다. 그리고 보존정책을 체계적으로 추진하기 위해서는 무엇이 요구되고, 어떻게 해야 되는지도 유네스코 보존정책과 사례 등을 통해 알아보았다.

이렇게 분석된 자료 및 사례연구 등을 통해 도출된 내용과, 유네스코 디지털헤리티지 보존정책을 중심으로, 문화유산 보존정책이 무엇이 부족하고 어느 부분을 더 채워 나가야 하는지를 살펴보았다. 또한 국제적인 기준에 다가가기 위해서는 어느 부분을 강화해 나가야 하는지를 제시해 보는 것이 필요하다. 이것이 문화유산 디지털헤리티지 보존정책을 달성하는 가장 빠른 지름길이 될 것이다.

이를 위해서 가장 먼저 해야 하는 것이 정책적인 부분이다. 즉 제도화를 통해 문화유산 디지털헤리티지 보존방안을 마련해 나가는 것이다. 법적인 토대를 마련하여 체계적으로 공공의 재산인 디지털유산을 보존하는 것을 강제화하는 방안이다. 물론 시간을 두고 단계적으로 시작하는 것도 가능하지만, 시간이 많지 않기 때문에 서두를 필요성이 있다.

디지털유산은 지금 이 시간에도 사라지고 있어, 단기간에 함축적으로 제도화를 통해 보존해 나가는 것이 필요하다. 유네스코 디지털헤리티지 보존을 위한 헌장, 벤쿠버 선언 등 유네스코 주도의 정책에 전 세계국가들이 모여서 합의는 했지만, 이행되지 못하는 가장 큰 이유가 강제성이 없기 때문이다. 필요성을 인정하기는 하지만 당장 안 해도 되니까, 입법화를 미루고 있는 것이다. 따라서 디지털헤리티지 보존을 위한 가장 확실한 방안은 제도적인 장치를 마련하여, 강제적이라도 보존해 나가는 것이 최선의 방법이기 때문이다.

이를 위하여 지금까지 조사되고 분석된 디지털헤리티지 보존정책, 사례 등을 중심으로 세부적인 분석을 통해 디지털 보존에 가장 필요한 내용들만을 발췌하여 재정리하고, 문화유산 디지털헤리티지 보존을 위한 제도화에 필요한 항목들을 제시해 보았다.

입법화를 위해 제시된 내용들은 디지털헤리티지 보존을 위한 제도화추진 시, 다음과 같은 도움을 줄 수 있을 것으로 기대한다. 첫째 시간단축의 효과이다. 정책 입안자가 제도화 추진 시 짧은 시간에 입법화가 가능 하도록 체계적으로 정리하여 제시하였다. 둘째 각종 정책의 사전 분석을 통해 꼭 필요한 항목이 포함 될 수 있도록 하였다. 셋째 제도화 내용의 함축화로, 입법 추진 시 단순하고 쉽게 제도화 할 수 있도록 하였다. 실무책임자가 현장에서 법을 적용할 때 반드시 해야 하는 내용을 쉽게 이해하고 시행 할 수 있도록 하였다.

문화유산 디지털헤리티지 보존을 위한 제도화방안은 유네스코정책 및 국립중앙도서관, 국가기록원 등 국내·외 보존정책 및 사례연구 등을 종합적으로 분석하여 제시하였다.

문화유산 디지털헤리티지 보존정책에 제시 된 내용은, 조치해야 될 사항 등 5개의 대분류와 13개의 중분류로 구분하여 문화유산 제도화 방안을 마련하였다. 제시된 내용들은 모든 것을 포괄하기 보다는 문화유산 디지털헤리티지 보존과 활용방안을 마련할 때 반드시 반영됐으면 하는 내용들로 구성되었다. 포함했으면 하는 내용보다는 빠지면 안 되는 꼭 필요한 내용들에 더 중점을 두어서 작성하였다.

먼저 대분류에서는 정의, 소실대비, 조치해야 할 사항, 책임사항, 협력 및 활용방안 5개로 구분하였다. 첫째는 디지털유산의 범위에 대하여 정의하도록 하고 있다. 문화유산 디지털 보존대상은 범위를 한정하여 꼭 필요한 정보만 보존될 수 있도록 구체화하여 정하도록 하였다. 실례로 문화재의 지정, 해제, 보존, 보수 및 유지관리에 필요한 정보로 한정하여 범위가 추상화 되지 않도록 하였다.

둘째 '소실대비'에서는 디지털유산에 대한 접근성 유지 및 지속성, 진본성 유지가 가능하도록 하는 방안을 제시하고 있다. 디지털유산의 보존은 접근성 유지가 보존의 가장 중요한 문제로 인식되고 있기 때문이다. 하드웨어

(H/W)와 소프트웨어(S/W)의 수명주기가 5~10년 내외이기 때문에 주기적인 매체이전을 실시하도록 하고 있다.

문화유산 디지털정보의 지속성을 유지하기 위해서는 통합정보시스템이나, 아카이브시스템을 구축하여, 디지털정보를 보관, 유지관리 하여야 한다. 디지털 정보의 진본성을 확보하기 위하여 저작권 표식을 사용 하도록 하는데, 보통 DRM(Digital Rights Management)이라고 한다. 가장 손쉽게 쓰이는 방식이 워터마크 방식이며, 요즘에는 PDF파일로 변환하여 저작권 표식을 하는 형태로 많이 사용되고 있다.

셋째 '조치해야 할 사항'에서는 먼저 전략과 정책개발에서 장·단기 계획을 3~5년 단위로 수립하기를 제안하고 있다. 이는 장비교체 또는 매체 이전주기와 비슷하게 계획을 수립하여 차질 없이, 디지털유산을 보존하기 위해서이다.

'보존대상 결정'에서는 디지털유산 보존대상이 구체적으로 명시되는 것이 필요하다. 보존대상 디지털정보 선정위원회 등을 설치하여 보존대상을 명확하게 하는 것을 제안하고 있다. 보존대상을 결정하는 것이 가장 어려운 문제이기 때문에 조금 부족 하더라도, 보존대상을 구체적으로 명시하고, 나중에 문제점을 보완하는 방안을 제시하고 있다.

'지속적인 투자 방안'에서는 매년 적정금액의 예산이

투입될 수 있도록 예산투입 내용을 제도적으로 의무화 하도록 하였다. 사회 기간산업의 유지관리 비용과 같이, 매년 일정금액의 유지관리 비용을 지속적으로 투자 하고, 5년 주기로 저장매체 교체예산을 반영할 것을 제안하였다.

'접근성 허용'에서는 저장된 디지털정보를 누구나 이용할 수 있도록 하는 정보 공개내용을 제도적으로 명시하여 개방하고, 외부 공개에 특별한 사정이 있는 경우는, 보존용과 활용서비스용을 별도로 제작하여 서비스 하도록 하는 적극적인 데이터 공개방안을 제시하고 있다.

'기술적인 조치'에서는 천재지변 등으로 디지털유산 소실 위기 시 대처하기 위한 기술적인 방안들을 마련하였다. 디지털 보존프로그램의 지속적인 유지관리를 위한 방안으로, 기술적으로 표준화된 공개프로그램을 확보하는 내용 등을 명시하도록 하였다. 아울러 전담조직 신설시 디지털 보존기술연구 기능이 포함되도록 제안하고 있다. 이미 국립중앙도서관에서는 자료보존연구센터를 설치하여 기술적인 보존 문제를 연구하도록 하고 있다.

'저작권 문제'는 디지털유산 수집 및 확보 시 가장 중요한 문제이기 때문에, 저작권 문제를 해결하는 방안이 제도적으로 명시되어야 한다. 또한 자료 수집 시 저작권 사용료가 필요한 민간자료 같은 경우 일정비용을 지불할 수 있도록 근거를 마련하는 것이 필요하다. 이미 문화재 보호법에도 저작권 구입에 대한 법적인 근거가 명시되어 있다.

넷째 '책임사항'에서는 '역할과 책임분담'은 디지털유산 보존과 관련하여 문화재청과 소속기관, 산하단체 및 지자체 등과 책임과 역할을 분담하는 내용을 명시하도록 하고 있으며, 공사립 및 대학 박물관이나, 전시관, 민간기관 등과도 필요시 역할과 책임을 분담하는 내용을 반영하여 효율적으로 문화유산 디지털정보가 보존관리 될 수 있도록 하는 것이 필요하다.

'표준화 방안'에서는 표준화를 통하여 자료 호환성 확보 및 자료, 통계관리의 효율성, 시스템유지관리 등에 많은 비용과 시간을 절약할 수 있다. 따라서 보존프로그램, 메타데이터, 문화재관련 각종 코드, 데이터제작지침 , 시스템 도입 등 많은 부분의 표준화를 추진하도록 하여야 한다.

또한 표준화의 중요성을 감안하여 표준화전담위원회 설치를 명시하도록 권유하고 있다. 이미 국가기록원은 표준화전문위원회 설치하여 운영하고 있고, 국립중앙도서관은 전담부서를 지정하고 있다.

다섯째 '협력 및 활용방안'에서는 먼저 협력방안은 서로 협력을 통하여 국제적인 표준이나, 기술적인 동향을 파악하고, 새로운 기술 등의 정보를 습득할 수 있어, 시간 절약은 물론 비용절감 및 디지털 보존 관리에 많은 도움을 얻을 수 있다. 따라서 국내 및 국제적인 협력 및 교류에 적극 지원하도록 하고, 국제기구 등에 참여하는 것을 제도화 하도록 하고 있다. 이밖에 기업체, 출판사 및 민간기업 등이 전문기술 등을 공유할 수 있도록 하고 있다. 활용방안에서는 적극적인 디지털헤리티지 활용 및 콘텐츠 개발 등을 명시하여, 문화유산 콘텐츠 산업의 기초자료로 활용될 수 있도록 제도화를 제안하였다.

아울러 문화유산 디지털 보존 및 활용이 잘 되기 위해서는, 위 분석된 사례에서 보여주듯이, 다음 3가지 정도의 요소들이 더 요구된다. 첫째는 디지털 보존 정책을 추진할 수 있는 전담조직이다. 이런 조직이 우선적으로 만들어져야, 이 조직이 구심점이 되어 사업들을 강력하게 추진할 수 있기 때문이다. 이러한 조직구성은 디지털유산 보존을 체계적으로 잘 하고 있는 국립중앙도서관이나, 국가기록원 등의 사례에서 충분히 알 수 있다.

두 번째는 디지털헤리티지 보존 및 활용에 필요한 제도를 정비하는 것이다. 이를 통해서 디지털유산 보존을 위한 프로세스를 정비하고, 수집에서부터 정리, 가공, 저장, 보존 및 활용에 이르기까지 일정한 절차를 마련하여, 디지털유산 보존을 위한 체제를 갖추어 나가면 되는 것이다. 물론 처음 제정된 제도가 제정 초기에는 문제점을 드러낼 수도 있다. 이러한 사안은 개정을 통해 보완하고 추가하면 된다.

그리고 또 하나의 중요한 요소는 통합 아카이브를 구

축하는 것이다. 제도 정비를 통해 점차 새로운 디지털 자료들의 수집 및 생산이 늘어나게 되면, 디지털 아카이브 시스템 구축의 필요성이 제기될 것이다. 이때 국내·외 기술현황을 충분히 검토하여 표준화된 호환성이 충분히 검증된 시스템을 도입하는 것이 필요하다. 여기에 저작권 및 활용방안이 보완된다면 국제수준의 디지털유산 보존은 의외로 쉽게 이루어 질 수 있을 것이다.

<표 5-7> 문화유산 디지털 보존제도 적용방안 제시

대분류	중분류	문화유산 제도화 방안	비고
정의	디지털유산의 범위	O 문화유산 차원의 디지털 보존대상 정보에 대한 범위를 한정하여 명시함 - 범위가 추상적이 되지 않도록 주의함 <예시> 문화재의 지정, 해제, 보존, 보수 및 유지관리에 필요한 정보로 한정.	
소실 대비	접근성 유지	O 문화유산 디지털 정보는 항상 접근이 가능하도록 유지되어야 한다. O 이를 위해서 저장된 정보는 주기적인 시스템 교체를 통한 데이터 이전 작업을 실시해야한다.(이동 저장매체도 포함한다.) ※주기적인 매체이전 기간은 시행령 등으로 정하되 매 5년 주기가 가장 적절한 시기임, 따라서 5년 단위로 매체이전을 권고함 통상적으로 H/W 및 S/W도 수명5년~10년 사이로 예측함, CD-ROM의 수명도 10년 이내로 예측함65)	

	디지털 지속성 · 진본성 유지	○ 문화유산 디지털 유산 정보는 지속적인 보존을 위하여 통합정보시스템(또는 통합 아카이브시스템)을 구축 운용 하여야 한다. ○ 또한 디지털 문화유산의 진본성을 확인 하기 위하여 저작권 표식을 할 수 있다. ※ 저작권 표식은 가장 혼한 것이 '워터마크' 등이 있으며, PDF방식으로도 대체할 수 있음	
조치해야 할 사항	전략과 정책개발	○ 문화유산 디지털 정보의 보존을 위하여 장· 단기 종합계획을 수립하도록 명시 ○ 장·단기 계획에는 사회적인 환경변화, 미래에 대한 예측, 정보기술의 발전, 진본 성, 저작권 미래의 이용을 고려한 디지털 자료의 관리 및 보존과 관련된 모든 측면 에 대한 포괄적인 내용이 담겨야 함 ※ 보통 3~5년 주기로 작성하는 통상적임(장 비교체 또는 매체이전 주기와 바슷함)	
	보존 대상 결정	○ 디지털 유산 보존대상이 구체적으로 명시 되는 것이 필요함 ○ 보존대상 디지털 정보 선정위원회를 설치 하여 세부적으로 나열하듯이 기술해 주는 것이 대상을 명확히 하는 방안임 ※ 보존 대상을 정하는 것이 가장 중요한 문제이기 때문에 처음에 부족한 부분이 있더라도 보존 대상을 구체적으로 명시하 고, 부족한 부분은 나중에 보완하는 방안 강구	
	지속적인 투자	○ 매년 적정금액의 예산이 투입될 수 있도록 예산투입 방안을 제도적으로 명시함 ○ 사회 기간산업의 유지관리 비용과 같이, 매년 일정액수의 유지관리 비용을 지속적	

		으로 투자하고, 5년 주기마다, 저장장치 교체예산이 반영 되도록 함 ※ 안정적인 재원확보 방안을 마련하는 것이 디지털 유산 보존의 지름길임	
	접근성 허용	○ 통합시스템이나 아카이브 등에 저장된 정보를 누구나 이용할 수 있도록 정보 공개내용을 제도적으로 확보함 ○ 보안이나, 저작권, 용량 등의 문제로공개가 어려울 경우, 보존용과 서비스용으로 각각 별도로 제작하여 보존용은 비공개로하고 서비스용만 공개함 ※ 지속적인 활용이 보존의 지름길임, 이용가치가 있는 정보는 보존될 수 있음.	
	기술적인 조치	○ 천재지변 등으로 디지털 유산소실 위기 시 대처를 위한 기술적인 방안 및 디지털 보존 프로그램의 지속적인 유지관리 방안 이 명시 되어야 함 ○ 디지털유산 보존을 위한 전담조직 설치 시, 보존기술연구 기능이 조직에 포함 되도록 함 ※ 예시: 국립중앙도서관의 자료보존연구센터, 나 국가기록원의 기록보존복원센터가설치됨	
	저작권	○ 저작권 문제 해결은 디지털 유산 수집 및 활용 시 가장 중요한 문제임, 따라서 저작권 해결방안이 명시되어야 함 ○ 자료 수집 시 민간자료의 경우 일정비용을 지불할 수 있도록 명시하는 것이 필요함	

		※ 이미 문화재보호법에도 저작권 구입에대한 법적인 근거가 명시됨, 또한 국립중앙도서관 에도 저작권 보상 규정이 있음	
책임 사항	역할과 책임분담	○ 디지털유산 보존과 관련하여 문화재청과 소속기관, 산하단체 및 지자체 등과 책임과 역할을 분담하는 내용을 명시함 ○ 공사립 및 대학박물관이나, 전시관, 민간기 관등과도 필요시 역할과 책임을 분담하는 내용을 반영함 ※ 관련 유관기관 등과 역할 분담시 디지털 유산 보존이 훨씬 효율적으로 보존될 수 있음	
	표준화	○ 보존프로그램, 메타데이터, 각종문화재코드 데이터제작지침, 시스템 도입 등의 표준화 내용을 명시하여 디지털 유산 보존관리를 위한 자료 호환성 및 활용성, 기기 운용성 을 극대화 함 ○ 표준화의 중요성을 감안하여 표준화 전담 위원회 등의 설치를 명시함 ※ 표준화는 디지털유산 보존에 있어 가장 중요한 부분이고, 자료 호환성 등을 통하여 많은 비용과 시간을 절약할 수 있는 방안임 ※ 국가기록원은 표준화전문위원회 설치하여, 운영하고, 국립중앙도서관은 전담부서를지정함	
협력 및 활용 방안	협력	○ 국내 및 국제적인 협력방안에 대한 교류, 지원 내용을 명시하고, 국제기구 등에 참여 할 수 있는 방안을 제도화 함 ○ 기타 기업체, 출판사 등 민간기업 등이 전	

| | | 문기술 등을 공유할 수 있도록 협력 방안을 마련함

※ 국내외 유관 조직 및 기관과의 협력을 활발히 하여 국제적인 표준이나, 기술적인 동향을 신속히 파악하고 적용할 수 있음. 비용절감 및 기술적인 보존비용 및 시간을 절약할 수 있음 | |
|---|---|---|---|
| | 활용 | ○ 디지털 유산 정보에 대한 콘텐츠화 추진 등 활용 방안을 적극개발 하도록 하는 내용을 명시하여 사장되지 않고 살아 움직이는 정보가 될 수 있도록 함

○ 문화유산 디지털 정보가 문화재 보존관리 및 활용은 물론 문화유산 산업의 기초자료로 활용될 수 있는 방안을 제도적으로 명시하여 개발 방안을 마련함

※ 활용이 잘되는 정보가 가장 보존이 잘되는 정보임 | |

13. 향후 발전방안 및 과제

우리는 지금까지 디지털헤리티지에 대한 개요에서부터, 유네스코의 보존정책, 그리고 국내·외 기관들의 사례까지 살펴보았다. 문화유산 디지털 보존 제도와 정책들도, 비교 분석하였고, 문화유산 디지털 보존정책을 제도화 하

---

65) 한국기록관리협회「기록매체별 보존. 복원기술현황」기록관리보존 12호 2008.1

는 방안을 유네스코 등 국내·외 정책을 기본 틀로 하여 제시하였다.

여기에서 계속되는 질문은, 디지털유산을 어떻게 보존할 것인가이다. 보존에 대한 문제는 이 글 처음부터 현재까지 계속되는 화두이다. 결론부터 말하자면 정답은 없다. 단지 어떻게 잘 관리하고, 보존할 수 있는 환경을 마련하여, 디지털유산을 최적의 상태로 유지하고 보존 및 활용을 잘 할 수 있도록 하는 것이 핵심이다.

디지털유산 보존을 위해서는 접근성을 지속적으로 유지하는 것이 가장 중요하다. 디지털유산의 생존 확률을 높이기 위해서는 첫째 국제표준의 공개된 기록보관시스템을 사용하여야 하고, 둘째 디지털유산 자료의 사용빈도와 관계없이, 안전하게 보관되고, 관리할 수 있는 복사본이 제작되어야 한다. 그리고 세 번째는 디지털자료를 책임 있게 맡아서 보존관리 해줄 수 있는 국립기록보관소 등의 유산단체 지정이 반드시 필요하다는 것이다.

네 번째는 표준화 문제이다. 디지털유산 보존을 위한 프로그램 표준화가 필요하고, 기록되는 이미지 등 파일포맷의 표준화가 요구된다. 이러한 표준들이 규약으로 합의가 되고, 디지털유산 보존관리 전반에 반영된다면, 보존관리문제는 훨씬 효율화 되는 것은 물론, 비용 및 활용적인 측면에서도 획기적인 성과가 나올 수 있다.

다섯 번째의 중요한 문제는 디지털유산 보존관리에 관

여하고 있는 담당자 상호간의 협력문제이다. 결국 디지털 유산을 보존하고 관리하고 접근성을 지속적으로 유지하는 것이 관리자이기 때문에 관련 담당자간의 긴밀한 협력과 파트너십이 이루어진다면, 디지털유산 보존관리의 문제들은, 우리가 생각하는 것보다 훨씬 수월하게 달성되고 괄목할 만한 성장을 하게 될 것이다. 그러나 이러한 보존관리 절차들을 이행하기 위해서는 많은 비용과 시간, 숙련된 관리자 등이 필요하게 되기 때문에 결코 쉬운 일은 아니다.

기술적인 면에서, 가장 중요한 핵심적인 요소는, 소프트웨어와 하드웨어의 변화이다. 이것은 대부분의 보존 프로그램들에 있어 핵심적인 과제이다. 프로그램 관리자들은 반드시 디지털 자료들과 그것들의 접근 수단 사이의 관계를 이해하고, 사용자들에게 시스템 접근을 제공할 때 무엇이 제시되어야 하는지를 고려하며, 필요할 때 언제든지 접근을 보장할 수 있는 전략들을 결정해야 한다. 그러기 위해서는 메타데이터를 활용하여 관리하는 것이 매우 효율적인 방법으로 제시되고 있다. 또한 자료들을 잘 보존하기 위해서는 복사본을 만들어서 안전한 장소로 이동하여 보존하는 것이 필요하다.

디지털자료의 보존관리시스템에 안전한 보관과 이동, 디지털자료의 관리문제에 있어서 데이터 무결성 유지가 중요한 기술적인 요소로 등장한다. 무결성을 유지하기 위해서는 데이터베이스 관리에 있어서 업데이트 관리가 잘 유지되도록 하는 기술적인 조치가 필요한데, 주기적인 업데이트가 가능 하도록 프로그램을 하는 것도 하나의 방안이다.

디지털자료가 손실되는 것은 결국 기술적인 부분에 크게 좌우된다. 데이터는 영원할 수 있지만 그 데이터를 보관하고, 관리, 활용하는 것은 하드웨어와 소프트웨어이기 때문에 기술적인 문제에 크게 종속될 수밖에 없다.

따라서 하드웨어와 소프트웨어 기술은 늘 변화하고 발전하고 있으며, 새로운 기술들이 짧은 기간 동안에 새롭게 나타나고 사라지기를 반복하기 때문에 디지털유산 자료를 안정적으로 보존 관리하기 위해서는 신기술 보다는 안정적인 기술을 선택하는 것이 필요하며, 그러한 기술 또한 일정한 시간이 지나면, 사라지게 되기 때문에 주기적인 보관 장소의 변화가 필요하다.

즉 일정한 주기로 새로운 기술의 보관 장소로의 데이터 이전이 반드시 필요한 것이다. 결국 지속적인 예산투자와 관리가 되지 않으면, 아무리 중요한 자료라도, 갑자기 사장되고 만다는 사실을 시사해 주고 있다.

결국은 우리가 디지털 유산을 보존하기 위한 실질적인 요소들은 무엇일까. 첫째가 강제적으로 보존해 나가기 위한 제도적인 틀을 만드는 것이다. 법제화를 통해서 디지털유산 보존에 필요한 절차들을 하나씩 하나씩 실현해 나

감으로써, 디지털유산 보존을 위한 기본적인 틀이 완성되어 가는 것이다.

둘째는 국가차원의 디지털유산 보존을 위한 총괄 전담 조직을 만드는 것이다. 조선시대 춘추관과도 비슷한 기능을 하는 조직을 만들고, 이 조직으로 하여금 디지털유산 보존을 총괄하여 추진하도록 하는 것이다. 또한 총괄 전담조직 밑에 산하조직들을 두어 역할 분담을 통하여 효율적인 디지털유산 보존체계를 만들어 갈 수 있을 것이다.

세 번째는 디지털유산 보존에 대한 인식 제고이다. 지금까지는 새로운 정보기술에 대한 변화가 빠르고 데이터의 형식, 매체의 속성 등이 변화하는 생명주기도 짧아서, 대중들이 새로운 기술을 습득하고, 따라가기에 급급한 면이 있었지만, 앞으로는 정책입안자 및 결정권자들부터, 디지털유산 보존에 대한 필요성이 인식되고, 이를 통해 국민들에게까지 넓게 파급되어 인식의 전환이 이루어진다면 디지털유산 보존은 어려운 문제가 아니다.

결국 디지털 유산을 체계적으로 보존하기 위해서는 국가 및 각 기관에 적합한 디지털보존 정책을 세우고 추진하기 위한 정책 입안자, 결정권자의 인식과 의지, 그리고 법제화 등을 통한 공식화, 추진 전담조직 설치와, 지속적인 운영을 가능하게 할 재정적 지원이 뒷받침 되어야 실현되는 것이다.

디지털 유산을 보존하기 위한 기술적인 실질적인 요인

들은 무엇일까? 그 첫 번째가 접근성 유지이다. 디지털유산에 접근성을 유지하는 것은, 유네스코 헌장은 물론 가이드라인, 벤쿠버 선언에 이르기까지 지속적으로 거론하고 있다. 이와 같이 접근성 유지는 디지털유산 보존의 가장 중요한 생명과도 같은 것이다.

두 번째는 주기적인 매체이전이다. 디지털유산을 담고 있는 하드웨어나 소프트웨어의 기술적인 생명유지 주기는 매우 짧고, 유한하기 때문에, 디지털유산을 장기적으로 보존하기 위해서는 저장된 정보를 주기적인 시스템 교체를 통한 데이터 이전 작업을 실시하도록 하여야 한다. 이동식 저장장치도 같은 주기로 매체이전이 필요하다. 본 연구에서는 교체주기를 매 5년마다 교체하는 방안을 권고한다.

이렇게 실질적이며, 기술적인 보존 방안에도 불구하고, 마지막으로 제안하는 사항은 디지털적인 보존 외에 디지털유산 자료의 아날로그적인 보존이다. 즉 정보시스템을 통한 디지털 형태의 보존과 더불어 종이문서 형태로의 보존도 병행하여 보존하기를 권고한다.

디지털 기술도 매우 훌륭한 기술이기는 하나 전자적인 장치에 의해 구동되는 여러 가지 한계점을 가지고 있기 때문에, 가능하다면, 종이문서 형태로 출력하여 문서로 보관하는 방안도 제시해 본다. 종이는 인류가 수백 년 동안의 경험을 통해 검증된 기술이다. 역사적으로 조선왕조실록이나, 훈민정음 등 현재 중요한 문화재로 지정되거나 세계기록유산으로 등재된 대부분의 유산은 종이로 기록된 고문서 고도서 등이다. 따라서 보존이 역사적으로 검증된 발명품이다. 물론 기록유산이 특수한 한지를 사용하기는 하였지만. 현재는 과학적으로 보관하기 때문에 오래 보존될 수 있을 것이다.

지금까지 디지털유산을 체계적으로 보존하기 위한 발전방안에 대하여 알아보았다. 그러나 디지털유산 보존에는 많은 과제도 따른다. 첫 번째 과제는 디지털유산 보존대상 선정을 위한 기준이 없다는 것이다. 무엇을 보존할 것인가에 대한 답이 없는 것이다. 이는 아마도 디지털 유산에 대한 유네스코의 정의나 범위가 매우 포괄적이고 추상적이라는 이유 때문일 것이다.

이러한 개념들이 정확하게 정의되고, 범위가 명확하게 정해졌을 때 선정대상이나 기준이 좀 더 확실해지고, 보존대상 선정도 가능해질 것이다. 유네스코 차원에서 디지털유산에 대한 개념과 범위를 명확하게 하는 노력과 회원국들 간의 합의 도출이 요구된다.

아울러 국내에서는 유네스코를 비롯한 디지털유산 보존관련 국제기관과의 공조를 통해 국내 실정에 맞는 대책을 마련하여야 한다. 보존대상과 적용범위를 결정하기 위한 기준 또한 정책적인 논의가 필요하다. 보존 대상 선정 기준은, 종류와 가짓수가 너무 많기 때문에 대상 선정을 위한 전문가 집단을 운영하는 방안이 고려되어야 한다.

아울러 또 하나의 과제는 다른 현실적인 사업들에 비하여 디지털 유산 보존 문제는 미래에 일어날 일로 생각되어, 투자 우선순위에서 후 순위로 밀려날 가능성이 높다는 것이다, 따라서 정책적으로 고려되지 않는다면, 지속적인 투자는 어려워진다.

마지막 과제는 이제까지의 연구에도 불구하고 디지털 유산의 영구보존은 불가능하다는 것이다. 특히 하드웨어와 소프트웨어로 대변되는 기술과 장비에 늘 종속되어 있기 때문에 디지털 유산 보존에는 한계성이 상존하기 마련이다. 따라서 디지털 유산 보존의 한계성을 극복할 수 있는 획기적인 기술적인 대안이 개발되기를 기대해 본다.

지금까지 디지털유산의 발전방안과 앞으로 해결해 나갈 과제 등도 조사해 보았다. 앞에 제시된 디지털유산 보존을 위한 방안들을 철저히 준수하여, 보존정책에 반영하여 나간다면, 디지털유산 보존은 쉽게 달성될 수 있을 것이다. 문화유산 디지털보존 활용정책도 앞에 제시된 방안들을 준수하여 보존된다면 아주 모범적인 사례가 될 수 있다. 또한 이렇게 보존된 문화유산 디지털 유산들은 디지털 국보가 되고, 훗날 디지털 4대 사고로 남아 후세에 길이 전해질 것을 기대해 본다.

참고자료

안재홍 김충식, 「디지털유산」- 문화유산 3차원 기록과 활용 (주) 시그마그 래픽스 2016.2

압둘아지즈 아비드, 「디지털 유산의 보존 : UNESCO의 관점에서」, 『한국기록관리학회지』 제5권 2호, 한국기록관리학회, 2005.

유동환, 「한국 전통 문화유산 콘텐츠개발 현황과 과제」, 『국학연구』 12권, 한국국학진흥원, 2008.

이소연, 「디지털 아카이빙의 표준화와 OAIS 참조모형」, 『정보관리연구』 제 33권 3호, 한국과학기술정보연구원, 2002.

이소연, 「함께 만드는 미래 : 디지털 융합과 문화유산기관의 협력」, 『정보관리학회지』 제 29권 3호, 한국정보관리학회, 2012. 9

이소연 「디지털유산의 장기적 보존 : 국가정책 수립을 위한 제안」, 기록학연구(10), 27-64 2004.

이재필, 「무형문화재 기록보존의 쟁점과 과제」, 『인문콘텐츠』 제 19권, 인문콘텐츠학회, 2010.

한국기록관리협회, 「기록매체별 보존·복원 기술현황 조사」, 『기록관리보존』 12호,한국기록관리협회, 2008.

함한희, 박순철, 「디지털 아카이브즈의 문제점과 방향 : 문

화원형 콘텐츠를 중심으로」, 『한국비블리아학회
지』제 17권 2호, 한국비블리아학회, 2006.

김성수, 「한국의 세계기록유산 보존 현황 및 과제」, 『한
국기록관리학회지』 제 5권 2호, 한국기록관리학
회, 2005.

서혜란,서은경,이소연, 「전자기록의 진본성 유지를 위한 전
략」, 『정보관리학회지』제20권 제2호, 2003.

이태석, 「전자파일 영구기록화 처리 및 동향」, 『기록관리
보존』 제5호, 2000.

박희숙, 이응봉 「DOI를 활용한 디지털 콘텐츠의 전자저작
권 관리와 유통에 관한 연구」, 『제9회 한국정보
관리학회 학술대회 논문집, 2002.

권소현·김익한, 「강릉단오제 기록화 방안에 대한 연구」,
『기록학연구』제 24권, 한국기록학회, 2010.

박은경, 「디지타이제이션의 디지털 이미지와 메타데이터
표준화작업」, 『한국기록관리학회지』제 5권 2호,
한국기록관리학회, 2005.

설문원, 「기록관리 표준화 전략의 재구축 방안」, 『한국
비블리아학회지』 제 20권 3호, 한국비블리아학회,
2009.

설문원, 「디지털 환경에서의 로컬리티 기록화 방법론 연
구」, 『한국기록관리학회지』제 11권 1호, 한국기
록관리학회, 2011.

이병천 「개인 디지털 유산의 장기보존 방안」 한국컴퓨터정보학회 하계학술대회 논문집 제20권 제2호 2012. 7.

이영진 「세계 기록유산의 등록과 보존을 위한 법적 문제 분석」 사회과학연구 18(1) 2001. 6.

조윤희, 「문화콘텐츠 통합을 위한 메타데이터 포맷 연구(Ⅱ) : 도서관, 박물관, 미술관 사례를 중심으로」, 『한국문헌정보학회지』 제 38권 3호, 2004.

윤정옥, 웹 아카이브 OASIS 수집 콘텐츠의 분석, 한국도서관정보학회지(제45권 제4호), 2014.12

위주영, 「무형문화유산 메타데이터 현황과 과제 : 공예기술을 중심으로」, 『인문콘텐츠』 제 17권, 2010.

조영삼, 국가기록관리 발전을 위한 정책제안, 전환기의 역사정책Ⅱ, 2012.

김유승, 공공기록물관리에관한법률의제정의의와개선방안, 추계공동학술발표 논집, 2007.

권경선 「디지털 유산의 처리방안 연구」, 서울대학교 법학석사학위 논문, 2015.2

안진영 「국립중앙도서관의 라키비움 정향성」 외국어대학교 석사학위 논문 2017.2

오성환 「문화유산 디지털 콘텐츠의 표준화 방안 연구」, 건국대학교 석사학위 논문, 2013.

김귀배, 「세계기록유산사업의 제도적 기반과 쟁점 분

석」, 건국대학교 석사학위논문, 2016. 8

정현선, 국립중앙박물관 활성화를 위한 전략적 마케팅리
서치, 수원대 석사 학위논문 2009.

한국과학기술원(문화재청) 「디지털 문화유산 영상관 전시
운영방안 연구보고서」 2013.12

문화재청, 「문화유산 기록정보자원 관리체계 합리화 방안
연구」, 2010.

국립중앙도서관 「디지털유산 보존에 관한 기초연구」
2004.12

세계기록유산 등재신청 안내서, 유네스코 세계기록유산 사
무국, 2012

레이 에드몬슨(Ray Edmondson) 세계기록유산 보존을 위한
일반지침, 유네스코 정보사회부, 2002,

문화재청, 「문화재 기록화사업 관리 및 활용에 관한 규
정」, 문화재청 훈령 제291호, 2013.4.8. 일부개정

문화재청, 「문화재기록화사업 표준데이터 제작지침」 2006.

문화재청, 문화재보호법 [법률 제15065호, 2017.11.28, 일부개정]

문화재청, 문화재보호법 시행령 [대통령령 제28685호,
2018.2.27, 일부개정]

행정안전부, 공공기록물 관리에 관한 법률, [법률 제14613
호, 2017.3.21., 일부개정]

행정안전부, 공공기록물 관리에 관한 법률 시행령, [대통령
령 제28303호, 2017.9.19.,일부개정]

행정안전부 대통령기록물 관리에 관한 법률 [시행 2010.8.5.] [법률 제10009호, 2010.2.4., 일부개정]

국가기록원 중앙영구기록관리시스템 데이터베이스 품질관리지침, 국가기록원훈령, 제100호, 2015.4.6., 제정

국가기록원기록물관리 표준화 업무 운영규정, 국가기록원훈령, 제127호, 2017.5.18., 개정

문화체육관광부 도서관법 (법률 제15167호, 2017.12.12., 일부개정) 2018.3.13일 시행

문화체육관광부 도서관법 시행령[대통령령 제28211호, 2017.7.26., 타법개정]

국립중앙도서관 자체규정 제502호 「출판사 위탁 디지털자료의 보존 및 관리에 관한 규정」 2014.5

국가기록원, 「디지털화(스캐닝·인코딩) 지침」, 2004.

박물관 및 미술관 진흥법, [법률 제15062호, 2017.11.28., 일부개정]

국립중앙박물관, 디지털자료 관리규정(자체예규), 2013.2.28 제정.

David Myers, Heritage inventories: promoting effectiveness as a vital tool for sustainable heritage management, Journal of Cultural Heritage Management and Sustainable Development Vol 6 No. 2. 2016 pp102-112

Waters, D. and J. Garrett, eds. Preserving Digital

Information: Report of the Task Force on Archiving of Digital Information. Washington, D.C.: The Commission on Preservation and Access; Research Libraries Group. 1996,

Kuny, Terry and Gary Cleveland. "The Digital Library: Myths and Challenges." IFLA Journal, 24(2): 1998,

호주국립도서관, <디지털 유산 보존을 위한 지침(가이드라인)> Guidelines   or the Preservation of Digital Prepared by the National Library of Australia, Heritage, 2003.3

유네스코, <디지털유산 보존에 관한 헌장> The UNESCO Charter on the Preservation for the Digital Heritage, 유네스코 166차 총회 2003. 10.17

런던헌장 문화유산의 컴퓨터 기반 시각화를 위해(런던헌장)<The London Charter>, For the Computer-based Visualisation of Cultural Heritage, 2009.2.7

유네스코/UBC 밴쿠버 선언, <UNESCO/UBC Vancouver Declaration>, The Memory of the World in the Digital Age : Digitization and Preservation, 2012.12